相手の心が9割わかる

取扱注意

大人のブラック心理学

監修　渋谷昌三

日本文芸社

はじめに

「あの人は何を考えているのだろう？」

「みんな、どうしてそんな行動をするの？」

そうしたモヤモヤする気持ちを抱くことはないですか？

そんな時は、ちょっとした心理学テクニックを使ってみてください。

人の心は言動に表れるもの。

それを科学的に解き明かしたのが、心理学という学問です。

人の心の仕組みを知れば、
相手を意図した方向へと誘導することもできます。

他人がなぜそのような振る舞いをするのかも、
手に取るようにわかります。

本書で紹介するのは、そんな人心掌握術の数々です。
家庭、職場、日常生活のあらゆるシーンで使えるものばかり。

昨今、リモートワークが進み、
チャットやビデオ通話を通しての対話が当たり前になりました。
本書で紹介する心理学テクニックは、
オンライン上でも応用できるものばかりです。

簡単なのに効果は絶大！
たちまちコミュニケーション上手になれます。
仕事の成果もぐんぐん上がり、
満ち足りた人生になること間違いなしです。

本書が、あなたの毎日に少しでも役立てばうれしいです。

渋谷昌三

相手の心が9割わかる

大人のブラック心理学

目次

PART 1 『好印象』をつくる自己実現テク

PART 2

オンラインで相手の心を見抜く最強心理学

PART 3

どんな相手も振り向かせる恋愛の裏ワザ

PART

4

上司も部下も思いのままに操る 仕事の心理学

PART 1

『好印象』をつくる自己実現テク

相手にいい印象を与えて、
一気に距離を縮めるテクニックを紹介!

technique

01

さりげなく真似して親近感をアップする

同調行動で相手の心をつかむ

「感じのいい人」はどんなシーンでも得をします。感じのよさは、自分ではなく相手が決めること。本性や心の中はどうであれ、相手に「感じがいい」と思わせればOKです。そして、感じのいい振る舞いというのは案外たやすくできるもの。最強の方法は、さりげなく相手の振る舞いを真似ることです。

これは**ミラーリング効果**、**同調行動**などと言われ、ノンバーバル（非言語）コミュニケーションの基本として知られています。相手に好意を持った時、ヒトは無意識に相手の行動をなぞり、そして真似された側も無意識に相手の好意を感じ取ります。このことは、心理学者たちが実験で証明しています。

例えばカフェで会話をしていて、自分がコーヒーを飲んだら相手もコーヒーを飲む。自分が身を乗り出して話したら、相手も前のめりになって聴いてくれる。この時、意識するかどうかは別として、あなたは相手の振る舞いを心地よく感じるもの。それは、相手があなたに興味や好意を持っていると感じるからです。

ミラーリングや同調行動は、相手に好意を抱いた時に無意識に出るものでもありますが、これを意識的に使うことでテクニックとすることができます。相手の振る舞いを真似ることで「このヒトは私に興味がある」「好意がある」と感じさせることができるわけです。**自分から相手に好意を伝えることこそ、相手の心をつかむ最強の手段**。通常、自分に好意を抱く相手を嫌うヒトはいません。好意の伝え方がさりげないほど、相手から「感じのいいヒト認定」をもらえる確率は高くなります。

「接しやすい」は演出できる

ポイントは**さりげない振る舞い**です。「真似をされている」と感じさせてしまえば、好意どころか嫌悪感を抱かれかねません。話題にしても、相手の趣味や好み、意見が一致すれば「話が楽しい」と思われますが、合わせていると思われれば「うざい」「あざとい」になりがちです。

行動を真似するなら自然に。会話やＳＮＳなどでのやりとりなら、ウソのないメッセージを伝えましょう。相手の話に合わせたいけれど自分の知らない世界だという場合は、知ったかぶりをせず「はじめて知ったけれど興味深い」ということを伝えればいいのです。相手に花を持たせることで、より好感度をアップさせるチャンスです。

初対面の相手、あまり気の合わない相手との気まずい時間も、怖くありません。

大人のブラック心理テク

言動を合わせて「いい人認定」をゲット

相手の振る舞いをさりげなく真似しながら、相手の話に同調したり、興味の持てる部分を伝えたりしてみてください。場の空気がやわらぐはずです。

仕草をなぞるだけで対人スキルが上がる

ミラーリングとは文字通り、相手の行動や口調などを鏡のように真似ること。それだけで相手に好意を抱かせたり、親近感を持たせたりすることができる。

相手の言動をよく観察して癖を見つけるのが大切

恋愛にも仕事にも使えるテクだが、特に初対面の相手との距離を縮めるのに有効的。相手の癖がわからなくても相手が笑ったら自分も笑うだけでも十分。

無暗《むやみ》に使いすぎるのは厳禁 相手に気付かれると逆効果

technique

02 初対面の相手でも懐に踏み込む

第一印象は強い、何よりまず外見

「人を見かけで判断するな」とはよく聞く言葉です。そう言われるということは、実際は見た目で判断するケースが多いということです。相手を見た目以外、つまり中身で判断するためには、相手のことをよく知る必要があります。これから仕事の付き合いやプライベートで親しくなりたい相手との距離は、とりあえず見た目で決めるしかないのです。そしてその「**初頭効果**」は強く残ることがわかっています。

しかも、第一印象が決まるのは、初対面の1回を通してではありません。会った瞬間の数秒で、第一印象が判断される。そしてそれがかなり正確であるということが、大学生を対象とした実験で証明されています。相手に会った5秒で、外向性や内向性、良識性、知見の判断がある程度ついたというものです。私たちは誰もがそのくらいの短時間で、初対面の相手のことを判断しているということです。

さらに、初対面の相手を判断する要素は**表情、態度、服装などの外見が55％**、声が38％、話の内容が7％というモデル式があります。何を話したか（どんなヒトか）よりも、見た目や声で相手の印象を決めているのです。こうなれば「見た目で判断するな」というのは現実的ではありません。むしろこれを利用して、見た目で相手の判断をコントロールするべきです。

ビジネスシーンや、相手のことやシチュエーションがわからない場合は何よりも清潔感。いきいきとした表情と態度。状況がわかっている場合は、相手の好みやTPOに配慮するのもグッド。ただし無理は禁物なので、自分に合った装いで。

悪い印象は諦めずに挽回の努力を

そうはいっても不慮の事態で重要な初対面にやらかしてしまった場合、どうすればいいのか。例えば遅刻をしてしまう、遅刻寸前の駆け込みでボサボサ頭の乱れた服装。そんな状態の５秒で決まってしまった第一印象はくつがえせるのか。

そんなケースには**新近効果**、**ハロー効果**の出番です。アメリカの心理学者ルースチンなどの実験により見出《みいだ》された新近効果は、最初の印象と後の印象が違っていた場合、後のほうがより印象に残りやすいというものです。特に、物事を単純化して考えやすい人ほど新近効果がよくみられます。初対面の強い印象をくつがえせた場合のみ、後の印象が心に残るのです。

ハロー効果のハローは「後光」のことです。ある人に対する新しい情報が加わることで、**その人に持っていた認識がガラリと変わること**を言います。いずれにしても相当な頑張りや、好条件がないと初頭効果をかき消すのは難しいので、まずは第一印象をよくすることを心がけたいものです。

大人のブラック心理テク

初対面では見た目を整えて後をラクにしよう

人は見た目が9割 初対面が重要

人は最初に受けた印象をずっといつまでも引きずってしまうもの。2回目以降も第一印象をベースに印象をかため、3回目で印象を決めてしまう。

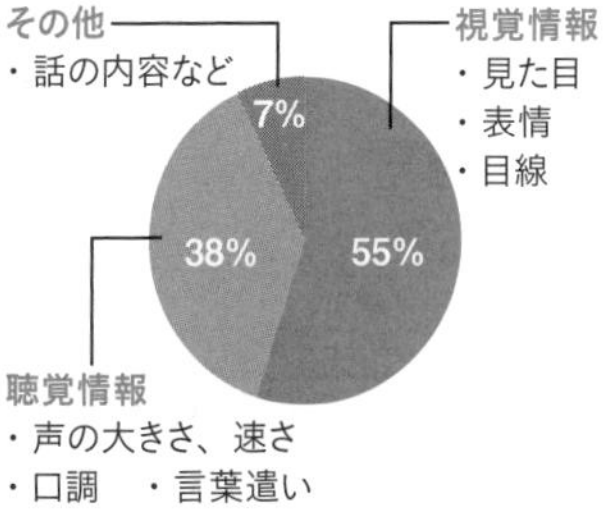

「人間は中身が大事」と言いたいところだが、最初のたった5秒、見た目で第一印象が決まってしまう。これは「メラビアンの法則」と呼ばれる。

technique

03 大勢の前でも自分の意見を押し通す

根回しで周囲を味方につける

ビジネスシーンでもプライベートでも、人が二人以上集まれば議論が生まれ、3人以上になれば派閥が生まれると言われます。好印象をつくるという意味では、自分の意見を相手に押し付けないということも必要ですが、時にはどうしてもゆずりたくない状況もあります。ここぞという時に自分の意見を通すための心理学的テクニックはいろいろあります。

大前提として、**難しい状況を切り抜けるためには周囲の協力が重要です**。普段から何でも我を通そうとしていると周囲の支持は得にくくなるので、良好な人間関係を築いておくことは大切です。

というのも、大勢の中で意見を通すためには**根回しが不可欠**だからです。よい意見であっても、感情的な反対が出て、それに周囲が同調することで通らなくなってしまう。誰も得をしない状況ではありますが、悲しいかな、そういったケースは少なくありません。

そこでまず、**関係者の力関係を図式化すること**をおすすめします。人気者、一匹狼、敵対関係、仲良しグループなどを把握して、キーマンにやわらかく根回しをしておくのです。

キーマンが自分の意見に賛成してくれれば、後はでしゃばりすぎずにいるのが得策。キーマンの意見は賛成されやすい、もしくは積極的な反対にあいにくいので、場の流れが自然と同調に傾きやすくなります。

冷静さと情熱が状況を好転させる

意見や提案の本質よりも、その場の流れで物事が決定してしまうことには理由があります。特に日本の場合は集団意識が強いので、反対意見が出にくいもの。安全策を重んじてしまう状態を**コーシャスシフト現象**と言い、反対に、リスクがあってもより大きなメリットを狙いたいという状態を**リスキーシフト現象**と呼びます。それらが相まって、集団意識がますます高まり、声が大きい人の意見、重要な立場にある人の意見、味方の多い人の意見に場が引っ張られがちです。それを利用して、**キーマンを味方につけるというのが、先に挙げたテクニック**です。

それでもどうしても少数派にしかなれない。そんな時も諦めることはありません。偉大なリーダーが、実現不可能な理想を唱え続け、周囲を鼓舞することで信じられない力を発揮し、ついには実現してしまう。または、力や実績がなくても、地道に諦めず、しっかりした理屈や理論を持って持説を唱え続け、少しずつ周囲を納得させていく。どちらも心理学的にあり得ることで、現実にも少なくありません。

大人のブラック心理テク

自分の意見を通すため周囲を巻き込もう

多数派・少数派をうまく利用して人を操る

＼全米 NO. 1大ヒット！／

「みんなが持っているからほしい・安心」と多数派の意見に従う心理はバンドワゴン効果。「支持率 NO. 1」や「売上 NO.1」といったキャッチコピーが典型例。

＼B 氏不利な情勢に……／

上と反対の心理を表すのがアンダードッグ効果。弱者や人気のない人ほど同情票が集まってくるという心理で、日本語の「判官びいき」に当たる。

＼知る人ぞ知るブランド！／

同じく逆の心理を表すのがスノッブ効果。「みんなが持っているからほしくない」にアプローチして、希少性のあるものほど価値があると思わせるテクニック。

technique

04

自分の隠れた一面に出会う

紙とペンで自分を見つめ直す

周囲の人々に対して「私のことをわかってくれない」と思う局面は、誰にもあるでしょう。自分のことを一番わかっているのは自分。それは事実かもしれませんが、人から見られる自分も自分の一部には間違いありません。そして「どのくらい自分のことをわかっているのか」というのも意外とはっきりしないものです。

敵を攻略するためには敵をよく知ることが必要。同じように、自分の人生をよりよくするためには、**自分自身をよく知ることが重要です**。そこから物事に対してどう対処するのか、どんな時に失敗しやすいのかなどがわかれば、日常でのリスク回避にもなります。

自分を知るシンプルな方法として、**20答法**をおすすめします。必要なのは紙とペンだけ。「私は～」ではじまる文章を20個完成させるだけです。アメリカの心理学者、クーンとマックパーランドが開発したこの自己分析手法は、文章完成法の1つとして知られてています。**投影法**という性格テストに分類されるもので、自由に回答することで、自分自身のことを掘り下げていくものです。

自分について20個なんて簡単に書けると思うかもしれません。実際にやってみてください。もちろん最初はスラスラと書けるでしょう。けれど後半は意外と悩むはずです。どの程度スラスラ書けるかというのも、自分に対する普段からの考察の深さとして興味深いでしょう。当たり前にある自分の気持ちに対して、私たちは自分で思っているほど注意を払っていないのかもしれません。

自分を知ることでリスク回避も

　このテストは、書き出した答えに関して何らかの判定を下すものではありません。書き出すことによって、**自分自身にどのくらい向き合っているかということ**に気付くためのものです。最初のほうは当たり前の事実だけかもしれません。けれども、だんだんと自分の内面に関する記述が出てくるのではないでしょうか。「人からこう見られがちだけれど本当はこうだ」とか、「本当はこうなりたい（でもなれていない）」というようなこともあるかもしれません。書くという行為が、**自分自身でも気付いていなかった、または見ないようにしていた気持ちを浮き彫り**にしていったとしたら、そこには**大きな気付き**があるはずです。

　このテストは1回やって終わりではなく、落ち込みやストレスを感じた時や、逆に自分を元気付けたい時など、折に触れて書き出すことに意味があります。状況や気分によって、まったく違う内容になったり、その中でも揺るがないものがあったりすることに気付くかもしれません。

大人のブラック心理テク

自分と向き合うことは最強の自分マネジメント

投影法で無意識下の欲求・感情を引き出す

あいまいなイメージに対して投影される被験者の無意識を分析するのが投影法。未完成な文章を完成させる文章完成法の他、絵の空白の吹き出しにセリフを当てるバルーンテスト、ある物を他の物や人に例えさせる比ゆ法などがある。

文章完成法

バルーンテスト

比ゆ法

technique

05

外側から見つめて自分の本質を開放する

自分の内面を覗くジョハリの窓

周囲の人たちとよりよい人間関係を築きたい。ストレスを感じずに毎日を楽しく過ごしたい。心理学的テクニックは、ヒトとして当然のそんな願いを叶えるサポートをするものです。

例えば人間関係をこじらせることのひとつに、**自己評価と他者評価の違い**があります。「私はこういう人間です」。それが正しい主張だとしても、誰からもそう見られなければ辛いだけですし、他人から見れば、思い違いや思い込みの激しい人ということにもなりかねません。

前項の自分を知るテストでは自分自身について掘り下げられますが、さらに**他人から見られる自分と、自分が思う自分の姿を見比べる手法**を紹介します。

アメリカの心理学者、ジョセフとハリーが開発した**「ジョハリの窓」**です。対人関係における気付きのグラフモデルであり、自分が思う自分と他人の認識のズレを客観視するための**自己分析ツール**です。

20答法と違うのは、周囲の人々の協力が必要なことです。自分を知る人を数人集め、自分がどんな人間だと思うかを自由に書いてもらいます。当然ながら、自分に遠慮をする人ばかり集めては正直な回答が得づらくなります。互いに何でも言い合える友人や、誠意のある正直な知人に協力をお願いしましょう。長い付き合いの人と短い付き合いの人、仕事関係とプライベートなど、条件が混ざるとより興味深く有益でしょう。

他人との認識のズレに気付く

同時に自分でも、自分がどういう人間かを書き出します。前項の20の答えから使えるものもあるでしょう。そして、協力者が書いてくれた内容と、自分が書いた内容を合わせ分類します。

自分と協力者の意見が合致した内容が「開放の窓」。自分だけが書いたものが「秘密の窓」。協力者だけが書いたものが「盲点の窓」です。どこに何が入るかだけでなく、どの窓に対する意見が多いのかも参考になります。

「秘密の窓」が多ければミステリアスな人、よくわからない人と見られているかもしれません。「盲点の窓」が多ければ、自分のことを勘違いしている可能性もあります。「開放の窓」に入る項目が増えることで、誠意のある人、正直な人、おおらかな人、信頼できる人といった評価につながります。それは他者に対して**自己開**

示ができているということであり、ヒトは**自己開示されることで「自分に対して心を開いている」と感じる**からです。

大人のブラック心理テク

自分を知り自己を開示するとメリット大

4つの自分の姿を知り自己開示する

ここが大きいほど、ありのままの自分を他人に開示でき、スムーズにコミュニケーションできているということ。

他人にどう見えているがわかり、自分の長短所を新たに発見し、見つめ直すことができる。

他人は知っている

	自分は知らない	自分は知っている
他人は知っている	開放 自分も他人も知っている自分	盲点 自分は気付かないが他人は知っている自己
他人は知らない	秘密 自分は知っているが他人は気付いていない自己	未知 誰からもまだ知られていない自己

他人は知らない

周囲から誤解されていることを示す。ここのギャップが大きいほど、自己開示は不十分ということ。

自分の隠れた能力を発見でき、成長の余地がある部分なので、チャレンジをして切り開きたいところ。

technique

06

攻撃的な人への上手なかわし方

イヤな人とは同じ土俵に上がらない

何をしても、何を言っても悪い方に受け止める。そういう人は一定の割合でいるものです。言われたこと、されたことに対して落ち込む方向にある場合と、自己防衛で攻撃してくる場合があります。こちらとしては、そんなつもりで言ったのではない。さらには、こちらからは何もしていないのに、投げてもいないボールを探し出してきて、投げつけてくるような人もいます。

そういう人の動機のほとんどは、**嫉妬や欲求不満**です。自分自身の満たされない気持ちを、**他者を攻撃することですり替えている**のです。相手が苦痛や痛みを受けることでストレスを解消する傾向があり、とても厄介で迷惑な存在です。万が一ターゲットになってしまった場合、対処法はできるだけ関わらないことです。

「嫌がらせはやめてほしい」「どうして理不尽なことをするのか説明してほしい」などと言っても状況はよくなりません。中には自分は悪くない、相手が悪いと本気と思い込んでいるケースもあります。そうなれば手はつけられません。本人に何を言っても、何をしてもムダ。それどころか状況が悪くなるだけです。

できるだけ関わらない。仕事上などでそれが無理なら、できるかぎり距離をとる。そして、嫌味を言われてもナチュラルにスルーする。人前であからさまに無視するなどの華麗なスルーも賢くありません。会話の必要があれば定型的な返事程度に。上司だったとしたら表立って反論はせずに、仕事を淡々とこなす。仕事に支障が出るレベルであれば、起きた事実をまとめて信頼できる人に相談しましょう。

被害に対しては事実を集めておく

そういう人は、**相手にされないと自然にフェードアウトすることが多いです**。「この人に嫌味を言っても応えないので面白くない」と思わせれば勝ちです。もちろん、実害があれば毅然とした対処も必要ですが、その場合も表立って反応せずに、冷静に事実を集めて機会を待つ、もしくはつくることです。反撃する場合も、できれば直接対決は避け、人や関係機関を介して解決を図りたいものです。

相手の攻撃やイライラが軽度の場合は、機嫌のいい時に**承認欲求**を満たしてあげることができれば、事態はよくなるかもしれません。実際にはなかなか難しいことですが「あなたを信頼している」「あなたに注目している」ということがうまく伝えられれば、相手が変わる可能性もあります。

同じように、困った頼みごとばかりしてくる人に対しては「引き受けたいけれど、こういう理由でできないので申し訳ない」「代わりにこういう条件なら引き受けられる」と順序立てて話すとスムーズにかわしやすいはずです。

大人のブラック心理テク

自然体を崩さないことが最強の防御法

ペーシングを使って相手をかわす

相手の声のトーンやテンポに合わせるマッチング。相手から安心感を得られるので、怒っている人の怒りを鎮められる。

いわゆる「オウム返し」テクニックのバックトラッキング。相手から好感度を得られる。自慢話が好きな相手に効果的だ。

technique

07

コンプレックスの乗り越え方

自分を認める、受け入れる

コンプレックスというと悪いものと捉えられがちですが、それ自体にいい、悪いはありません。「よい成果が出せるようにもっと頑張ろう」とか「あの人に負けないようにしっかりやろう」など、**ポジティブな考えのもとになること**もあります。問題は、自分の中のコンプレックスから、どんな行動や思考が生まれるか。嫉妬したり、ひがんだり、自虐的、自暴自棄になったりするケースが多いため、悪い感情のように思われているのでしょう。

そうなってしまった時はどうしたらいいのか？　まずは自分の感情を見つめてみます。**よい、悪いの判断はせずに、あるがままを受け入れます**。たとえ嫉妬やひがみであっても、そういう感情を持ってしまうのは仕方ない。それでいいのだと、あるがままの自分を労《いたわ》ることです。自分を丸ごと認められること、受け入れられることで、ヒトは冷静さや穏やかさを取り戻せます。

その心理を利用してコンプレックスを軽減する手法として「**セドナ・メソッド**」などが提案されています。気になる感情にどっぷり浸ってから、「この気持ちを手放せるか？」「この気持ちを手放したいか？」を自問自答します。手放したい場合「いつ手放すか？」を自問して、できれば「今」と答えます。

いったん受け入れてから自分の意志で手放しているので、すっきりと離れることができるはずです。もちろん一度で全部すっきりというわけにはいかないでしょう。いつでも何度でも、もやもやした時に同じことを繰り返せばいいのです。

周りばかりがよく見える時などは、**自分へのダメ出しは控えて**、「このままで十分な、頑張っている自分」へのごほうびを用意するのもいいでしょう。

大人のブラック心理テク

周囲が気になる時こそ自分の気持ちに集中

劣等コンプレックスと劣等感からの克服

例えば他人より背が低い、走るのが遅いといった事実は劣等性。これに対し主観的な感情を持つことを劣等感、さらに、劣等感を言い訳に「できない」とこじらせることを劣等コンプレックスと呼ぶ。

劣等感は誰でも持つものなので悪とはみなさず、むしろこれをバネに成長するためのエネルギー源とするべき。何に劣等感があるのか自己分析するとよい。

PART 2

オンラインで
相手の心を見抜く
最強心理学

ネット越しでも相手の気持ちを知り、
思うままに操るワザを紹介!

technique

01

目線の動きから相手の気持ちを汲み取る

目は「見せる」ものでもある

オンラインでは相手の気持ちが汲み取りにくいと感じる人が多いでしょう。相手の映像が映っているとはいえ、直接会っているのと比べると、画面越しでは**ノンバーバル（非言語）コミュニケーション**のための情報が薄まるのも事実です。すると、つい情報を得る要素を探してしまいがちになり、余計にどうしたらいいのかわからなくなってしまう……。

そんな時は迷わず相手の目に注目しましょう。**「目は心の窓」**という言葉は真実なのです。**人の心の中は目に表れるのです**。

全体的なことでいえば、目の動きが激しい場合、その人は今の状態に集中していないといえます。落ち着いた気持ちでこちらの話を聞いてくれている相手の目は、キョロキョロ動いたりしません。1点をじっと見つめるというのではなくても、落ち着いた静かな動きであるはずです。また、不安があったり、頭の中でいろいろな考えが行き交っていたりする時などは、黒目があちこちに動きがちです。

相手がそのような状態の時は、自分が視線を1点に定めて、「ここまでは大丈夫ですか?」などと声がけをしてみるのもいいでしょう。無意識にキョロキョロしているのであれば、自分自身の落ち着かない状態を自覚し、集中してくれるかもしれません。何か言いたいこと、心配なことなどがあって視線が泳いでいるのであれば、それを切り出す機会を与えられます。いずれにしても、こちらが相手の状態に気付いていることを知らせることにより、相手に対して注意喚起できます。

気持ちを伝えるテクニックにも

目の動きが発するサインの例をいくつかあげてみましょう（左利きの人の場合、左右が反対に出ることがあります）。

視線が右下の時。肉体的な痛みなど、自分の身体に関わることを考えています。左下の場合、音楽など聴覚に関わるイメージです。想像上の光景などを思い描こうとしている時は視線が右上に行きがちです。それを活用すると、右上を見ることで考え深い人間だという印象を与えることができます。過去の体験や見たことのあるものを思い出そうとする時は視線が左上に行きます。視線を右や左にそらすのは同意していない時。または相手に好意を持てない時。視線を下にそらすのは相手を恐れている時です。上目づかいは相手にへりくだっていたり、甘えたかったりする気持ちの表れ。見おろすのは、そのまま相手を見下していることになります。

これらの事実を知らなくても、**視線は気持ちを伝えるもの**。つまり、相手の気持ちを読み取ると同時に、自分の気持ちを伝えるために視線を使うこともできます。

大人のブラック心理テク

心の窓で「見る」「見せる」をコントロール

人の本音は目の動きでわかる

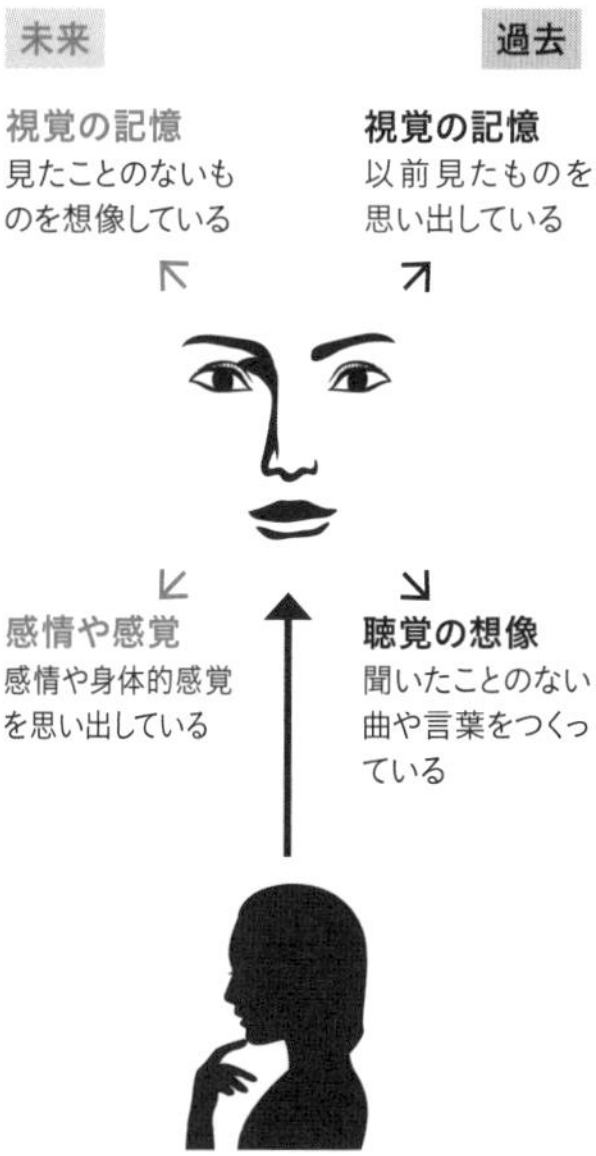

人は五感を通して周囲を認識しているので、相手に質問した時に相手の視線がどの方向に向くかで思考パターンを読み解くことができる。それがアイ・アクセシング・キュー理論（脳の取り扱い説明書と呼ばれるNLPテクニックの1つ）。

technique

02

ビデオ通話で会話の主導権を握る

「聞きやすい」「話しやすい」が第一

ビデオ通話では、顔を合わせて会話をしているようにスムーズに話が進まないことが多いものです。原因は、お互いに細かな表情や仕草に気付きにくかったり、音声の伝わり方に微妙な時差があったりすることです。そのため、ビデオ通話は苦手という人もいますが、それは仕方のないこと。必要によっては、電波の通じやすい場所を確保したり、マイクの性能をアップさせたりという現実的な手段を講じることもできますが、ビデオ通話ならではの会話のストレスを解消、活用できる心理学的テクニックもあります。対面での会話にも共通するテクニックがほとんどですが、特にビデオ通話に威力を発揮すると思われるものを紹介します。

大前提として、ビデオ通話はどうしても聞きづらさがあるものです。それを踏まえて、**普段よりもはっきりと話すこと**を心がけます。特に語尾をにごさないようにします。ビデオ通話だからこそ「聞き取りやすい」だけで相手が話をしっかり聞いてくれる、集中してくれる、ということがあります。話すスピードも意識して、早口にならないよう気をつけましょう。たたみ込むように話したり、ダラダラ話したりせず、ひとつの文章は短く。そしてひとつの話が終わったら、ひと呼吸おきます。

ビデオ通話がわかりにくいと感じている人、苦手意識がある人は、自分の話が相手に伝わっているかについても不安なものです。要所要所で相手の言葉を受けて「なるほど、〇〇ということですね。では～」のように、**反復、確認することで安心感を与えられる**のと同時に、会話をリードすることができます。

先に視線を外して優位に立つ

一般的に、ビデオ通話では相手の話が長く感じられます。そのため、できるだけシンプルに話したほうが伝わりやすくなります。また、ビデオ通話では伝わりにくい表情にも意識を。非言語コミュニケーションを含めて会話と考え、相手に伝えたいという気持ち、伝わっているというイメージを届けましょう。

最後に、とっておきのテクニックを紹介します。会話中というのは互いに顔を見合っているものですが、**あえて先に視線を外すというもの**です。前項のように、視線が泳ぐのは落ち着きのなさの表れ。でも、会話中にすっと視線を外すのは自分に自信のある人です。視線を合わせている時は対等な会話。そこから視線をそらすと、相手は「間違ったかな？」「何か変なことをいったかな？」と不安になります。

実験で証明した心理学者にちなみ**「ブライアンの実験」**と呼ばれるテクニックで

すが、オンラインの場合特に、実践にはコツが必要です。互いに画面を見つめて話している時、すっと画面の外を見る。自然にできるよう練習しておきましょう。

大人のブラック心理テク

表情豊かに、落ち着いてシンプルな言葉で

会話時の目線から相手の心理を読む

ずっと目線をそらせないでいる

ブライアン・チャンプネスの実験では、消極的な人ほど目線を外すタイミングがわからず、会話の主導権を握れなかった。先に目をそらされると不安になってしまう。

会話を優位に運びたければ先に目線をそらせよう

いいタイミングで目線をそらせる

コミュニケーション慣れしている人ほど、自然に目線を外して相手に不安感を与えられる。その結果、会話を自分のペースに持っていきやすくなる。

オンラインではお互いの目線が集中している時を狙え

technique

03

背景カラーで印象を巧みに操作する

目的に合わせてカラーを選ぶ

オンラインのやりとりでは、相手に伝わる要素が少なくなります。ということは、絞られた要素の中に自分が伝えたいメッセージをこめれば、それが届きやすいということでもあります。つまり、伝える要素をコントロールしやすいのです。ビデオ通話では**着る服の色や、画面の背景カラー**を利用して、自分の印象や場の空気をコントロールしてみましょう。背景のカラーはある程度自由に選べることが多いので、オンラインではぜひ駆使したいテクニックです。

背景に奇抜なビジュアルを選ぶ人は、服装と同じで、個性的な人、またはそう見られたい人。これはすでにおわかりでしょう。新しいアイデアを出そうという時などは、ちょっと変わった背景を選ぶのもおすすめです。

オンラインの会議では、自分がどんな役割を果たすべきかで背景の色を考えてみましょう。会議をリードする役目であれば、情熱を感じさせる赤などで、参加者の積極性ややる気を喚起します。自分から頼みたいこと、みんなの判断を仰ぎたい、場をまとめたいというような時は、冷静さや知的さをイメージさせる青系がおすすめです。

参加者の様子がわからないような時は、**無難な白や淡い色もいい**でしょう。場を引き締めたい時は、厳かなイメージの黒を活用してみてください。緑系は、ナチュラルさや健康、希望などをイメージさせます。協調性や安定感をアピールしたければ茶系を、感情を刺激したい時はパープル系のカラーを取り入れてみましょう。

服装や背景のトータルバランスで

心理学的にカラーを活用するのであれば、**服装と背景の組み合わせ**にもこだわりたいところです。背景のカラーでイメージづけを狙うのであれば、**服装はシンプルなデザイン、白系や淡い色合い**を選びます。背景のカラーで伝えたいことと服装のイメージが違いすぎると、どちらも活かされません。

できればカラーテクニックは背景にさりげなく置き、服装は色、デザインともにシンプルに、主張しすぎない、背景をじゃましないものというのがバランスいいでしょう。

また、いつも会っている時の通りのイメージか、ガラリと雰囲気が変わっているかというのも、相手に印象付ける手段のひとつです。相手に安心感を与え、安定感を感じさせたいのであれば、普段のイメージに揃えます。斬新な感覚や意外性を感じさせたければ、普段は用いないようなカラーを選んでみては。**「意外性」のアピール力は強い**ので、新しいアイデアなどが出やすくなるかもしれません。

大人のブラック心理テク

画面の中のカラーで印象を操作する

色彩心理学を使って仕事を成功させる

赤は交感神経を刺激し見る人の注意を引き付ける色。プレゼンや会議の資料の冒頭で使うと効果的。また、やる気を出したい時は赤色のグッズを身につけるとよい。

安心感を与える青色。資料では最後の方に使うと効果的。また、寒色系の色はクールな気分になるので、デスクまわりを青に統一すると片付けたい気持ちになる。

黄色は注意を促す色なので、TODOリストは黄色の付箋にすると、落ち着かなくなり、早く剥がしたい（早く処理しよう）という気持ちになる。

technique

04

ライン（LINE）で即レスする人は……

既読スルーの受け取り方は様々

個人が気軽に世界中に発信できる、そして世界中の人とやりとりできるSNS、特にライン（LINE）は便利な反面、相手や場合によっては面倒なことも。ラインでは読んだ（開封した）時点で既読の表示が出ます。そのまま返信をしなければ、人によっては「自分のメッセージを無視している」と受け取ることも。「伝わっていることがわかって安心する」で済めばいいのですが、**その先のアクションに対する受け取り方が人によって違う**ためにトラブルが発生しています。

例えば、ラインにすぐ返信してくる人。まず常にSNSを気にしていることは間違いありません。スマホが常に側《そば》にないと不安でたまらない。その不安感は一般的に、自分に注目してほしい、人とつながっていたいという気持ちの表れです。**承認欲求や孤独感**が強いともいえるでしょう。つまり、自分もすぐに返信がほしい。放っておかれるのはイヤだということです。

逆に、メッセージの返信を後回しにしたり、メッセージ自体をあまり気にしない人は、我が道を行くタイプであったり、細かいことを気にしない人である場合が多く、また、他人からもそう見られがちです。

メッセージをすぐ返す人は、真面目で義理堅い人ということもあります。返さねば失礼にあたる。そう思っているとしたら、自分にメッセージを返さない人は失礼だということにもなります。いずれにしても、ラインメッセージにすぐに返信してくる人には、こちらも早めに反応したほうがよいということです。

自分のスタンスを伝えておこう

忙しければ、スタンプだけ返すのもいいでしょう。文章でメッセージを返すと、それに対してまた文章の返信があり、それに対してまた……という無限ループに陥って、どこで切っていいか悩むことになりかねません。

いっそ重要な用事などの必要な場合をのぞいては、**あえて返事を遅らせる**という手もあります。「自分は必要な時以外、あまりＳＮＳを使わない」「マメではない」ということをアピールして「そういう人だ」と認知させるのです。顔を合わせた時に直接言っておくのもいいし、友だちとしてつながる時点で「マメに返信しないけど気にしないで」と伝えておけばベストです。

返信がないことで「嫌われたんだ」「他のグループラインで自分の悪口をいっているんだ」などと被害妄想になる、ＳＮＳ上で話を盛る、虚言癖が出るという人は少なくありません。そういう人は投稿がマメだったり、返信が早かったりするもの。**巻き込まれないよう距離を取るのが得策です。**

大人のブラック心理テク

即レスするのは寂しがり屋や義理堅い人

「ラインあるある」を心理学で読み解いてみると

すぐ返信してしまう → 相手のペースに合わせて

集中的注意
人は自分にとって必要な情報だけを選択しているもの。好意を寄せている人、気になる情報だけは既読も返信も早くなってしまう。

ペーシング
ラインの返信速度は相手に合わせる（ペーシング）方法が効果的。そのほうが、徐々に自分のペースに相手を巻き込んでいける。

同じスタンプ買っちゃう

同調効果
自分と相手の間に共通点があると距離感が縮まる心理効果によって、好きな人と同じスタンプを買ってしまいがち。

すべて敬語になる

損失回避バイアス
近づきたい相手ほど敬語を使いがち。それは他人に嫌われたくないという心理が働くから。時にタメ口を挟むと〇。

既読スルーされた……

対応バイアス
既読スルーされると、「自分は嫌われているかも」「相手はだらしない人かも」とネガティブに考えがち。それは状況ではなく本人に原因があると考える対応バイアスが働くから。気にし過ぎないのがベスト。

technique

05

毎日シェアしている人はウワサが大好き

話を盛る、秘密を暴露する可能性

次から次へと生まれる新しいＳＮＳ。周囲の人に先駆けて早い段階ではじめる人や、いろいろなＳＮＳをしている人は積極性があり、新しいことに挑戦する意欲がある人です。同時に、誰かとつながりたい、コミュニケーションを取りたいと願う**親和性**が高い人といえるでしょう。さらに、毎日のように、またはいろいろなＳＮＳにマメに投稿し、見た人からの反応を気にする人。これはみんなに認められたいという**承認欲求の高さ**、場合によっては**自己顕示欲の表れ**です。

普通の生活をしていれば、人にぜひ知らせたいというようなことが毎日起きるわけでもないでしょう。そうなると「何を食べた」「どこに行った」「テレビを見てこう思った」などという、自分の行動や思考の報告、つまり日記のような投稿が多くなるのも当然です。よっぽど仲のよい友人なら「よかったね」「大変だったね」などという反応があっても、普通に読む側からすれば「ふーん」で終わりです。

それではあまり注目が集められなくても仕方ありません。**承認欲求が高まると、もっと注目を集めたくなります**。すると話を盛ったり、裏話や隠し事、暴露ネタなどの人の興味をひきそうな話題を探したりするようになります。

こういう人の周りにいると、自分もネタにされるリスクがあります。「自分は普通の人間だから大丈夫」と思っていても、ＳＮＳ上に共通の知人や友人がいれば、自分から発信しない人のネタですから新鮮味があることも。さらに話を盛られて面白おかしく仕立てられることだってあり得ます。

発信にはリスクがともなう

ＳＮＳはコミュニケーション。つまり相手がいます。顔を見て話せる知り合いだけでなく、世界中の見ず知らずの人とつながれる。それは自分とまったく違う思考、まったく違うスタンスの相手ともつながるということです。どんな人が自分の投稿を読んでいるか、自分のメッセージを受け取っているかわからないということです。

顔が見えないからこそ、それを忘れがちになるのがＳＮＳの怖いところ。**身体的なパーソナルスペース**は遠いのに、**心理的なパーソナルスペース**がどこまでも近くなれます。毎日何かしらをシェアしている人は、世界中の見知らぬ人々に自分や周囲のことを発信しています。それはＳＮＳ上のパーソナルスペースをせばめること。懐に入られているということになります。

うまくいっている時はよいけれど、ひとたびトラブルが起きると、**その距離感の**

近さが大きな破壊力になります。個人的な事柄を含めたシェアに積極的な人に対しては、自分のことをあまり知らせないことをおすすめします。

大人のブラック心理テク

現実の人間関係でしないことはしない

technique

06 プロフィール写真から心理を見抜く

本人画像は自信と承認欲求

ＳＮＳでは原則的に、自分のプロフィールを公開します。どこまで公開するかは人それぞれですが、そこには画像がつきものです。相手のプロフィール画像を見た時、例えば犬の画像であれば「犬が好きなんだな」「犬を飼っているのかな」などと思います。掲載している本人も、そう思われること前提で、つまり**アピールしたいポイントを踏まえた画像を選ぶ**のが普通でしょう。

顔がはっきり見える自分の画像を選ぶ人は、**承認欲求**の強い人という傾向があります。自分に自信があり、自分を認めてほしいのです。横顔やふんわりぼやけた画像、後ろ姿などを掲載している人は、自分を見てほしいけれど、あからさまと思われたくない。前に出たいけれど自信がないという人が多いといわれます。

動物の写真は**アクティブな印象**を与えます。明るく元気のよいイメージです。中でもペット（自分で飼っているかどうかは別にして）の画像は自分の投影ともいわれます。例えば小型犬やウサギなどのおとなしい小動物なら愛らしいイメージを与えたい。大型犬なら頼もしいイメージ。猫なら自由や独立性。爬虫類は楽天的だったり独創的だったり。熱帯魚は自分の世界を大事にする人です。実際に飼っているペットを選ぶ場合は、大切なもの、自分が見ていてうれしいものを選ぶという気持ちもあるでしょう。

花の画像は美しさや女らしさの象徴であり、場合によっては性的な意味合いを感じさせることもあります。

ＳＮＳの関係性も表れる

いずれも、**本人の心理や性格**が無意識で表れがちです。そう見せたいという心理から画像を選ぶこともあります。また、画像を載せないということもできますが、それは見た人にいいかげんさを感じさせ、親近感を持ちにくくさせます。自分らしいプロフィール画像を選ぶことから、**コミュニケーションがはじまるのです。**

プロフィール画像には、**ＳＮＳとの付き合い方が表れることもあります。**自分がはっきり写っている場合は、ＳＮＳと現実の世界の人間関係をひとつのものと考えています。ぼんやりしていたり、自分ではない画像を選んだりしている場合、ＳＮＳと現実の生活を区別して考えているというのが一般的な見方です。

最近では、あえて自分とはかけ離れた別の自分になってＳＮＳを運営している人もいるようです。そういう人は自分とは関係ない画像、または自分の体の一部をアップしたり、元の様子がわからないくらいに加工やコスプレしたりした画像を掲載するケースもあります。

大人のブラック心理テク

プロフィール画像はコミュニケーションの第一歩

プロフィール写真に投稿者の性格が出る

technique 07

投稿写真から隠れた本音が見える

投稿の原動力は自己承認欲求

いよいよSNSの中身です。当然のことながら、本人の意見や気持ちが明らかになっている部分です。しかし、ここにも**無意識に本音が出たり、隠したはずの気持ちや行動が表れたりすることがあります**。

もともと本当のことだけを書き、本音だけを投稿しているのであれば、投稿の内容がそのまま、その人を表すことになります。とはいえ、実際に人と接する時にすべて本音のままではなく、必要に応じてその場その場でいろいろな自分を使い分けているはずです。誰にも見せない日記などではなく、人に公表するコミュニケーションツールである限り、見せたい自分を投影したり、ある程度内容を盛ったり飾ったりするのは当然です。

ともすると**自己主張や自己実現の場**として、さりげなく自慢をする場になっている人もいるはずです。「いいね！」がほしい。ほめられたい。そういう**自己承認欲求**が投稿の原動力になることが多いからです。

そこから、もっと目立ちたい。カリスマと呼ばれたい。そうどんどんエスカレートしていくのがＳＮＳの世界です。実際にフォロワーと会うわけでなく、画面の中だけで完結するために歯止めがきかなくなってしまうのです。自己承認欲求が過剰になると、フォロワー数を買ってまで、自分が人気であるよう、注目を集めているように見せることさえ起こります。

投稿のテーマに気持ちが表れる

料理や子どもの写真を投稿する人は多いものです。自分が関わったものを通して**自分の価値**を認めてほしいと思っています。食べ歩きの投稿の場合、客観的な紹介レポートになっていれば、より読まれることを気にしています。自分の気持ちだけでなく、誰かの役に立ちたいという気持ちの表れでしょう。「そば」などとテーマを決めて1点集中型の人は凝り性。コレクター気質でもあるので「いいね！」やほめるコメントを喜びます。一人旅や一人飲みの様子を公開する人は、一人でも楽しく、コミュニケーションにも意欲的というバランスのよさを感じさせます。

ちょっと面倒なのが、**間接的に自慢する投稿**。カフェでケーキセットを撮影している中に映り込んだ本人の指に人気の高価な指輪が光っているというようなケースです。実際は指輪を自慢したい。でも自慢と思われたくない。こういうテクニックは、すでにネットの世界の人々には見抜かれています。自慢したいのであれば、明るく「これいいでしょ」と投稿したほうが、好感度が上がるのではないでしょうか。

大人のブラック心理テク

相手が投稿で見せる気持ちをうかがい知ろう

人の欲求には5段階ある

SNSで「いいね」と言われたいのは、下の5つのうち上2つの精神的な欲求が働いているから。

マズローの欲求5段階説

自己実現欲求
自分らしく生きたい、自分の能力を高めたいという欲求

承認欲求
所属した集団から存在価値を認められたいという欲求。自尊欲求ともいう

社会的欲求
仲間がほしいなど家族や集団に所属したい欲求

安全欲求
危険から逃れたい、安全に暮らしたいという欲求

生理的欲求
食べたい・眠りたいなど生命維持のための根源的な欲求

technique 08

名前を呼ぶだけで親密度が一気にアップ！

名前を呼ばれると好意がわく

相手が自分の名前を覚えていてくれた。これは相手に「大切な人」「必要な人」と認められたようでうれしいものです。つまり、相手の名前を呼ぶだけで、自分に対する**相手の心理的距離**はぐっと近くなります。名前を呼ばれることで仲がよいような気がしてきて、そのうち実際に近い関係が築けるものです。取引先の担当者や気になる人など、よい人間関係を築きたい人に対しては、**積極的に名前を呼ぶようにしてみましょう。**

社会的に評価されることで感じる喜びを、心理学的には**社会的報酬**といいます。実際に顔を合わせていないオンラインの世界では、特にこの社会的報酬のテクニックを積極的に利用しましょう。オンラインミーティングなどでは、参加者の氏名が画面に映し出されています。初めての人でも名前を忘れる心配がないので、このテクニックを使いやすいといえるでしょう。

ただし、あまりあからさまに名前を連呼して「なれなれしい」と感じさせてしまたり、テクニックを駆使しているという意図がばれると逆効果なので、**会話の中に自然に盛り込むようにします**。要所要所で会話の頭に相手の名前を呼ぶなど、ポイントとなるところで相手の印象に残せればバッチリです。また、相手の言葉を受ける時は相手の名前を口にしやすいシチュエーションです。「今のご意見は……」などといわずに「○○さんのご意見は……」と受け止めて返すなど、意識してチャンスを逃さないようにしてください。

話を聞いてくれる人は嫌えない

名前を呼ぶのは手っ取り早い基本的テクニックですが、社会的報酬にいたるテクニックは他にもたくさんあります。例えば、**相手の話にスムーズに相づちを打つ**。相手の話を身を乗り出してきく。このような行為は、相手がたとえ意識しなかったとしても、自分の話を熱心に聞いてくれているという印象につながります。もちろん、相手が意識していればより効果的。女性は一般的に自分の話を聞いてほしいという欲求が強めなので、話をしっかり聞くというのは非常によい印象をもたらします。

当然、自分の意見に賛成してくれる、ほめてくれるといったことは、社会的報酬の基本です。**人は誰でも自分に賛成してほしいという欲求**がありますから、賛成できる意見には、しっかり言葉でそれを伝えましょう。特にオンラインでの場合、うなずいたりするだけでは伝わりにくいので、意思表示をはっきり伝わる形でする必要があります。賛成やほめるということではないけれど、相手に質問をするだけでも、注目している、気にかけているということが伝わり、相手は安心するものです。

大人のブラック心理テク

社会的報酬を与えてよい人間関係を築く

名前を呼ぶだけで　あなたの好感度UP

誰かに何かしてもらうと相手にお返しをしないと申し訳ないという「返報性の法則」が働いて、好意を返そうとして心を開いてくれる。

自分の名前は聞いて一番心地よい言葉と言われている。名前を呼んでもらえると、相手の脳に幸せホルモン（オキシトシン）が働き、相手に好意を抱く。

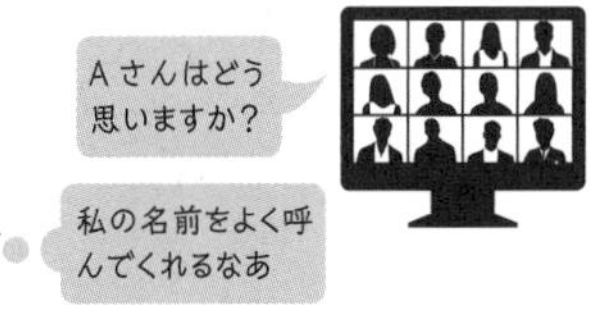

オンラインという掴みにくい距離感がある環境ほど、相手の名前を呼んであげると、あなたへの親しみ度は上がる。

technique 09

オンライン婚活でも距離を縮める

まず見栄え・聞きやすさにこだわる

オンラインでの出会いは、今やめずらしくありません。それでもやはりなんとなく抵抗があったという人、オンラインで出会いを求めているということを隠しておきたいと思っている人にとっても、最近では抵抗がなくなった、もしくは薄れてきたのではないでしょうか。

出会いのチャンスという意味では、リアルもオンラインも同じです。むしろオンラインのほうが制約なしに出会いまでは進める可能性もあります。ただし、実際にパソコンやスマホを通してのやりとりとなると、覚えておきたいテクニックがいくつかあります。

基本的なことですが、映像や音声がよくないと印象アップは望めません。電波のいい場所選びや、必要なら外付けのカメラ、スピーカーとマイクなどを駆使して、よい環境でオンライン婚活に臨みたいものです。リアルな出会いの場に臨む時に、服装や髪型、メイクに気を遣うことと同じです。「**自分に会うためにしっかり準備をしてくれた**」。それが好印象の第一歩。なりふり構わない感じ、間に合わせの感じでは、相手にとって**承認欲求も社会的報酬**も満たされません。

その上で、自分と相手の気が合うということを印象付ける**ミラーリング**のテクニックを使ってみましょう。ＰＡＲＴ１でも紹介した、相手の行動をさりげなく真似するテクニックです。相手が画面の中、デスクの上で両掌を重ねたら、自分もそうする。飲みものを口にしたら自分も飲む。これだけで効果抜群です。

ミラーリングや余韻を意識しよう

わざとらしくならないよう気をつけて、ミラーリングで**同調効果**を狙います。これは、オンラインで話した後のラインなどでも使えます。例えば改行の仕方やスタンプのイメージなどを、相手にさりげなく合わせるのです。誰でも自分がいいような形で改行したり、スタンプを使ったりしているので、自分とシンクロする使い方に対して好感を覚えるのは当然です。

他にも、できるだけ相手が自由に答えられるオープンな質問をすること。イエスかノーで答えられる質問は、そこで終わってしまう可能性があります。これを**クローズドの質問**といいます。「お寿司は好きですか？」と質問するのではなく、「どんな食べものが好きですか？」「お寿司のネタなら何が好きですか？」などと質問します。相手のメッセージを引き出すこと。そして「とても楽しいけれど、お互いに明日も忙しいですよね。またやりとりできる機会を楽しみにしています」と、相手の社会的報酬を満たしながら余韻を残して切り上げることを心がけましょう。

大人のブラック心理テク

オンラインは心理学的テクニックが使いやすい

オンラインでも意中の相手を落とす

オンライン婚活で会話が続かない、距離が縮まらないという人はミラーリングを使ってみよう。相手の言葉を繰り返したり、相手の仕草を真似たりすると○。

自分に近いと錯覚させるのはネット上でも有効な手段

ラインはオンライン婚活でもよく使われるツール。女性は男性から早く返信がほしいと思うもの。返信しやすい状況をあえて作ろう。

technique

10

なぜネットで誹謗中傷をしてしまうのか

匿名であればゲスになれる

ネット上の誹謗《ひぼう》中傷は、今や深刻な社会問題です。それによって命を絶つ人も増えており、人々に与える影響も大きくなっています。ネット上のことなのだから気にしなければいい。そんなふうに思えるのは、自分に火の粉がふりかかっていないからです。自分がそんな目にあったら、どんなにストレスや恐怖を感じることか。

嫌いな相手に面と向かって「お前なんか嫌いだ」と言う人がいるでしょうか？　少なくとも会社や大人の集団の中では、そういうことはほぼないと思います。なぜなら、そんなことをすれば自分と相手だけでなく、その周囲の人間関係までおかしくなるし、だいたい、それを伝えたからといって意味がありません。

それなのに、ネット上になると、特定の人に対して罵《ば》詈《り》雑言をぶつけたり、脅迫的なメッセージを送ったりする。そこでは**ネットの匿名性**が大きな要因になっています。アメリカの心理学者、ジンバルドの実験によると、**没個性化**、つまり匿名の状況下において、人は冷酷になりやすく、相手をくり返し攻撃することで、さらに冷酷さを増していくという結果が出ています。もしもネット上のメッセージのすべてが、メッセージの内容と同じく、誰が書いたのかまで確実に世界中にさらされてしまうとしたら、直接関係ない相手に悪意のあるメッセージを送る人はいないでしょう。自分も痛みを伴うからです。

ネット上で嫌なことをされれば辛いということを意識したうえで、自分は安全だからこそ、実際にはできないような卑劣な行動をしているのです。

また、数の論理も作用します。大勢が一斉に攻撃することにより、自分の影響力は大多数の中の一人として小さく感じられ、**罪の意識が生まれにくいのです。**

大人のブラック心理テク

没個性化で人はネット上で普段できないことをする

なぜネットでは人は凶暴になるのか

人は集団の中に入り自分の個性がなくなり、自分の匿名性や安全性が守られると、急に凶暴化して攻撃的になる。対面なら相手の表情が見えて、攻撃性も弱まるが、ネット上ならそれがないので、より攻撃が悪化する。

SNSで著名人とつながっていると、リアルな知り合いではないのに、身近な人と勘違いしてしまう。そのため、その著名人が意に反したことをすると、裏切られたと苛立って誹謗中傷をしてしまう。「かわいさ余って憎さ百倍」である。

PART 3

どんな相手も振り向かせる恋愛の裏ワザ

片想いの相手を落とす。恋人とうまくいく。
そんなワザを紹介!

technique

01

けなしてけなしてほめて落とす

ほめるよりけなして好感度アップ

気になる異性に恋のアプローチをしかける時、「社内の誰よりも素敵だなあと思っているんですよ」と相手を少々大げさにほめたり、お世辞を言ったりというのは常《じょう》套《とう》手段。言われたほうも決して悪い気はしません。

しかし、この手が効果を発揮せず、「またまたお世辞ばっかり言っちゃって。本気にするもんか！」と警戒心を強める人がいることもたしか。そんな時に試したいのが、**相手をけなして落ち込ませてから、ホメて持ち上げるという作戦**です。

これは、アメリカの社会心理学者のアロンソンとリンダーによる**好意の獲得・損失効果の実験**で証明された心理テクニック。実験は、被験者の女性とサクラに一対一でおしゃべりをしてもらい、サクラは女性の魅力を語り続けるという方法で行われました。おしゃべりは、女性をほめてからけなすＡパターン、けなしてからほめるＢパターン、ほめ続けるＣパターン、けなし続けるＤパターンで行われ、被験者の女性が最も好意度を抱いたのはどのパターンかを分析しました。

実験の結果、最も好意度が高かったのは、Ｂのけなしてからほめるパターンで、次いでＣ、Ｄ、Ａという順になりました。そう、けなしてからほめるほうが、ほめ続けることより相手を振り向かせる効果が高いことが明らかになったのです。

恋愛のスタートダッシュをうまくキメたいなら、まずは気になる相手のマイナスポイントをつっついて「この人、感じ悪いな～」と思わせてから**プラスポイントをホメちぎる技**が最強。相手の心の中にあなたが強烈な印象として残ります。

断ってからOKすると恋心に火がつく

逆に、相手からアプローチされた時、あなたが相手を気に入っているのなら、よりいっそう相手の恋愛感情を高めるテクニックとして前ページのセオリーを活用してみましょう。

もし食事に誘われたなら、すぐにＯＫの返事をしたい気持ちをぐっと抑えて、まずは「その日は忙しいからなあ……」とＮＧの雰囲気を出してみるのです。そして、相手が諦めかけたところで「やっぱり予定を変えて行けるようにするよ！」とＯＫサインを出せば、相手の喜びやうれしい気持ちが倍増するというわけです。

この時に、「いつもお世話になっているあなたのお誘いなら」といった一言をつけ加えることも忘れずに。相手は、**自分を特別な存在として扱ってくれたという気持ち**になり、さらにあなたへの思いが高まることになります。こうした心の動きは、自分を高く評価してくれた人に好意を持つ**「特定化の心理効果」**と呼ばれています。
ギリシャの哲学者ソクラテスの時代から使われている心理テクニックです。

大人のブラック心理テク

あえて、感じ悪いな、嫌な人だなと思わせる

あえてけなして振り向かせる

アロンソンとリンダーの心理実験

80人の女子学生に対し、どのようなほめ方が好意を持たれるかを実験。サクラの人は女子学生に4つの態度をとってみた。

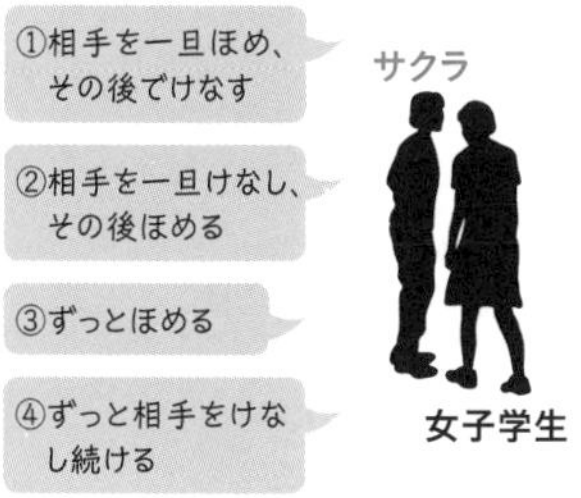

結果

一番好意を持たれたのは②で、最も嫌われたのは①だった。自分を否定する言葉があるほど、最後のホメ言葉が効き、最後のよい印象が残るということ。

マイナスの言葉→逆接→プラスの言葉で好意を引き寄せる!

technique

02

成功率が爆発的に上がる告白タイミング

思いを伝えるのは夕方以降に

気になる相手に思いを伝えたいのなら、**スケジューリングもぬかりなく**。勢いにまかせてやみくもに告白すればいいというものではありません。心理学にのっとって慎重にタイミングをはかれば、成功率も限りなく１００%に近づきます。

もし、休日に二人で出かける約束を取り付けることができたなら、夜まで一緒にいられるようなデートプランを考えましょう。そして、「付き合ってください！」のひと言を発するのは**夕方以降にするのです**。その理由は、人間の心と身体を支配している自然のリズム**「ボディタイム」**を利用するため。人は夕方になると活動量が減り、ボディタイムにも変化が起こります。寂しくなったり、不安になったり、せつない気持ちになるのです。告白のタイミングは、まさにここ。二人でいれば寂しくない、安心できると思わせることができたら、しめたものです。

さらに、**夜になると人は大胆になります**。アメリカの心理学者ガーゲンは、明るい部屋と真っ暗な部屋に、男女数名ずつを1時間にわたって同室させるという実験を行いました。明るい部屋の被験者は終始通常の会話をしましたが、真っ暗な部屋の被験者はしだいに話さなくなり、それと同時に異性に触れたり抱き合ったりするようになったのです。このことから言えるのは、**人は暗いところでは常識やルール、羞恥心などから解放され、欲望のままに行動してしまうということです**。日中にはキリリと自分を律している人でも、夜になると甘えたり、弱みを見せたりするもの。愛の告白もすんなりと受け止め、心を開いてくれる可能性が高まるのです。

自信を失っている瞬間を逃さない

告白のタイミングは、**相手の精神状態に合わせることも大切です**。成功率100%を目指すなら、相手が自信喪失して落ち込んでいる時がベスト。アメリカの心理学者ウォルスターは、女子学生たちとイケメンを会話させ、イケメンにデートに誘わせるという実験をしました。女子学生たちには事前に性格診断を行い、イケメンとの会話の後に診断結果を発表。自分に自信が持てる評価と、自信を失う評価の2グループに分けました。最後にイケメンへの好意度をアンケートしたところ、自信を失う性格診断を下された女子のほうがイケメンを好きになる確率が高いという結果になりました。これにより明らかになったのは、**人は自己評価が低い時ほど、自分に好意を抱いた相手に惹かれやすくなるということ**。これを**好意の自尊理論**と呼びます。また、自己評価が低下している時は、他人の好意や愛情を待ち望んでいる状態でもあり、**親和欲求**と呼ばれます。自分に自信をなくして落ち込んでいる時こそ、恋心が生まれる時。相手の悩みを聞きながら恋愛に持ち込む作戦もありでしょう。

大人のブラック心理テク

パワーダウンしている時が告白のタイミング

告白は相手が落ち込んだ時に

ウォルスターの心理実験

女子学生に性格診断の結果を伝えた後、別の部屋で待たせる。そこにイケメン男子学生がやってきて、しばらく雑談した後にデートへ誘う。女子学生は男子学生に好意を持つか?という実験を行った。

性格診断の結果は2つ

①自己評価が高められる結果

②自己評価が低められる結果

結果

②の女子学生の方が男子学生に好意を示す傾向が出た。つまり、自信がなくなっている時ほど、人を好きになりやすいということ。

失恋した時、仕事で失敗した時、病気になった時、相手の自尊心が下がっている。

ここが告白の成功タイミング!

technique

03

あえて弱みをさらけ出すと吉

欠点や失敗談を語れば心を開く

二人の関係性をもっと深めたいと思ったら、**まずは自分の弱みをさらけ出すこと**。相手に気に入られたいと思うと、かっこつけたり、大きなことを言ったりしてしまいがちですが、そんなことよりもっと簡単に、効率よく恋愛関係に持ち込めるテクニックが、自分の弱みをさらけ出すことなのです。

心理学では、自分のプライベートなことや、弱みや欠点といったマイナス面なども含めて話すことを**自己開示**と呼びます。人は、相手が自己開示をすると、それに対して自分のことも話さなくてはいけないと思い、同じようなレベルの自己開示をするものなのです。これを**自己開示の返報性**と呼んでいます。

この自己開示のやりとりによって、人と人はコミュニケーションを深め、お互いに好印象を抱き、しだいに恋愛感情が生まれてくるので、ぜひ活用を。ただし、どのタイミングでどういう話をするかは、しっかり見極めなければなりません。付き合いが浅い段階では、自分の仕事や趣味、家族や友人の話題などがいいでしょう。仕事で失敗してしまったことや、家族とケンカしたことなどをおもしろおかしく話して聞かせれば、相手も心を開いて「そういうことってあるよね。実は自分もね……」と同じようなエピソードを語ってくれるはず。食事をしながら、お酒を飲みながら、リラックスして語り合えば、親密度がぐっとアップするでしょう。

この時、**いきなりヘビーな話をするのは避けたほうが無難です**。深刻な話題は、お互いの心の距離が近くなってから打ち明けたほうが得策なのです。

これは秘密ね、のひと言で恋に落ちる

「こんなことは恥ずかしくてあなたにしか話せないんだけど、実は……」「これは秘密にしてほしいんだけど、本当は私……」など、**気になる相手にこっそり秘密を打ち明けるというテクニック**も、恋愛の裏ワザとして活用できます。打ち明けられた相手は「自分に秘密を語ってくれたということは、自分は信用されているんだ」と思うようになり、二人の関係性が一気に親密になるのです。

これを心理学では**秘密の共有**と呼びます。もし仕事場に気になる相手がいるのなら、仕事上のミスをこっそり打ち明けてみましょう。「ついやっちゃったんだけど、どうしたらいいかな？　他の人には内緒にしてね」と耳打ちすれば、相手は信用されていると思い、ミスしたあなたを心配し、あなたのことを常に考えるという心理状態になるのです。そして、「あのミスはその後どうなった？　大丈夫だった？」

などと聞いてきたら作戦成功。相手の心の中ではすでにあなたの存在が大きくなり、恋心を抱いているかもしれません。

大人のブラック心理テク

かっこつけるより自分のダメさを強調して勝つ

自己開示を使い聞き上手になる

社会心理学者
ゲイリー・ウッドによる
自己開示に適した10のネタ

お金や健康
デスクワークだと肩がこるよね

イライラしたこと
悪口を言う人って困るよね

怒ってしまうこと
言うことが変わる政治家って嫌ですよね

楽しいこと
本を読んでいる時が幸せなんですよ

趣味・興味
スポーツが好きなんですよ

改善したいこと
体重が増えてきたから〜

弱点
私、数字が苦手なんです

夢・目標
将来、本を出してみたいんです

性生活
実は○○フェチなんです（笑）

恥ずかしかったこと
昔、詐欺に引っかかったんですよ

technique

04 お願いごとで二人の距離を縮める

お願いされるとその人を好きになる

この人と親しくなりたい！　距離を縮めたい！　と思うなら、**わざとお願いごと**をしてみましょう。そんなのずうずうしいと思われて嫌われるのでは？　と考えるかもしれませんが、実は、その逆。お願いごとをされたほうは、**お願いごとをした人に対して好意を抱くということ**が実験により証明されているのです。

この実験を行ったのはアメリカの心理学者のジェッカーとランディです。被験者に問題を出して答えてもらい、正解するたびに賞金を渡し、最終的には被験者が60

セントか3ドルのどちらかを選べるようにするという実験を行いました。そして、被験者が帰る時に「この実験は研究資金がないので、自分のポケットマネーから賞金を出しました。賞金を返してもらえませんか」とお願いしたのです。この時、被験者を3つのグループに分けました。Aグループには実験の責任者が返金を依頼する、Bグループにはスタッフが返金を依頼する、Cグループには誰も返金の依頼をしないというグループ分けをしたのです。

実験後に被験者にアンケートを取ったところ、責任者に対して最も好印象を感じたのはAグループだったという結果が出ました。これにより、人はお願いごとをされると相手に対して好意を抱くようになるということが明らかになったのです。被験者は、「お願いごとは聞いてあげたいけど、賞金は返したくない」という不安定な心理状態になることを避け、「賞金を返すのは、私がこの実験の責任者を好意的に感じたからだ」と考えることで、自分の行動を納得させたのです。

心に生じた矛盾を修正する心理

この心理テクニックを恋愛に活用して、**好きな相手にあなたの困りごとをサポートしてくれるようにお願いしてみましょう**。「納期までに仕事が終わらないので手伝ってほしい」「パソコンの調子が悪いので見てほしい」「友人関係の悩みを相談したい」など、どんなことでもＯＫです。もしかすると、それは自分一人でも解決できることかもしれないけれど、ここは**あえて甘えて、頼って、お願いしてみることがポイントです**。人は、多くの場合、相手のことを好きだと手助けしたくなりますが、相手のことが好きじゃなくても手助けすると「自分はこの人が好きだから手助けするんだ」と自分を納得させるのです。このように、心の中に生じる矛盾を修正しようとする心理を、**認知的不協和理論**と呼びます。

映画やドラマでも、危機に陥っている女性を助けた男性が女性に恋心を抱くというストーリーはよくあるもの。これは決してめずらしいことではなく、誰にでも起こりえます。あなたの恋愛にも起こるできごとなのだと心に留めておきましょう。

大人のブラック心理テク

困りごとの解決は相手にゆだねて甘えてみる

頼みごとをすると好感を持たれる

ジェッカーとランディの心理実験

大学生に報酬を払って問題を解いてもらった。報酬は3ドル、60 セントの2つ。

↓

「資金繰りができなくなったのでお金を返してほしい」と学生に下の3パターンで頼み、その後、好意の度合いを聞いた。

①実験担当者が頼む
②スタッフが頼む
③頼まない

結果

好感度のトップは……

①の担当者が頼んだ場合で、3ドルの報酬の返金を求められたグループ

被験者は返金という頼みごとを聞いたのは、この人に対して好意を持っているから、と無理やり自分を納得させた可能性が高い。

今日残業になりそうで、手伝ってほしいんです

いいですよ（なんで引き受けたんだろう…。もしかして好きなのかな）

technique

05

お互いの距離は舌の動きでチェック

好きな気持ちは隠したくても隠せない

相手が自分のことをどう思っているかをチェックする方法があります。それは、相手の何気ない仕草をこっそり盗み見ることです。もし、二人で会話している時に相手が唇をなめていたり、ペロリと舌を出したりしたら、**あなたに対して興味があるというサイン**です。あなたに心を開いている状態だと言ってよいでしょう。

人の気持ちは目にもはっきりと表れます。この人いいな、好きだなと思っている時は、無意識のうちにしっかり目を合わせようとします。また、人は興味があるものを見ると瞳孔が開いてキラキラとしたまなざしになります。相手のあなたを見る目が輝いていれば、あなたに恋心を抱いている証拠と言って間違いないでしょう。

同じように、**手足など身体の仕草**からも相手の気持ちをこっそりと探ることができます。あなたの話が聞きたい、受け入れたいと思っている時には、腕を広げていたり、身を乗り出すように前傾姿勢になってうなずいたりしています。また、指を広げていたり、軽く握っていたりする時も、リラックスした気持ちであなたを受け入れようとしている状態です。私との会話を楽しんでいるかな……といった心配はいりません。二人の時間を存分に楽しみましょう。

さらに、二人で人混みの中を歩いている時、前から歩いてきた通行人を相手はどのようによけるでしょうか。あなたのほうに近づいてよけたなら、**あなたを大切に思っているという心の表れです**。反対に、あなたから離れて間隔を開けて人を通したら、まだまだ二人の心の距離は離れているということになります。

拒否の態度を確認したらまずは撤退を

あなたのことを好きじゃない、受け入れようとしていない、居心地が悪いという心の状態も仕草に表れます。あなたと目を合わせない、視線をずらすといった行動は拒否したいという状態。また、口を固く一文字に結んでいたり、尖らせていたりしたら、機嫌を損ねている可能性があります。反発心も芽生えているので、相手を非難したり、込み入った話をしたりするとこじれてしまうかも。要注意です。

会話の途中で髪を触ったり、鼻、口、あごといった顔の一部分を触っていたりしている場合も、**話に興味がない、そろそろ切り上げたいというサイン**です。さらに、貧乏ゆすり、腕組み、こぶしを握るといった仕草も、イライラしている、これ以上関わりたくないといった心理状態を表現しています。

あなたに気を遣ってくれていたとしても、**マイナス気分はあからさまに態度に出**

てしまうもの。そんな時は相手を責めたり、深追いしたりせずに、あっさりと撤退したほうが身のためです。逃げるが勝ちという戦略もあることを忘れずに。

大人のブラック心理テク

言葉にできない気持ちも仕草から察知せよ

相手の本音は体の動きに現れる

舌の動き以外にも、
手足や頭の動きから
相手の気持ちを探れる

二人の間にある物（コップや灰皿など）を脇にどかす行為は、仲よくなりたいというサイン。

頬杖をついたり頭を斜めに傾けたりしている時は話に退屈のサイン。

- 足を開いている男性は相手に対して好意を表している
- 右足を上に組む人は内気で控えめな人、左足を上に組む人はオープンな性格
- 足をひんぱんに組み替えるのは退屈しているサイン

- 腕組みをしているのは相手に心を開いていない状態
- 心を開いている状態は両腕が開いている時

technique

06 隠しごとやウソは○○を見ろ

手で口を触ったらウソを隠している

あの人、ウソついているかも……、何か隠しているかも……と、特に根拠があるわけでもないのに気付いてしまうことがあります。これは、**相手の表情や仕草を敏感に読み取ることができるという、人間にもともと備わっている能力です**。個人差はあるものの、一般的には女性のほうがこの能力にたけているため、夫婦でも恋人同士でも女性のほうが「なんかあやしくない？」と、パートナーのウソを見破ってしまいます。その理由は、女性は古くから男性の様子を敏感にとらえて対応したり、意志を伝えることができない赤ちゃんを育てるために微妙な変化に気付いたりと、察する能力が求められることが多かったからだと考えられています。

しかし、察する能力にも限界があるもの。となれば、心理学のセオリーを活かしてウソを見破る技を身につけなければ、恋愛の勝者にはなれません。

ウソを見破る判定方法の1つは、**手の動き**です。ウソをついている人は、見破られまいと顔は平然を貫きながら、手振りも減る傾向があります。手の動きでウソがばれてしまわないようにと無意識に手を隠そうとするのです。また、ウソが出てくる場所である口の周りを触ったり、手のひらで覆って隠したり、口元をポリポリと掻いたりするのもあやしい行動。中には鼻を触ったりする人もいます。さらに、いつもより**相づちの回数**が多い場合も、ウソを隠そうとしている可能性大。会話が途切れた瞬間にウソをついていることを突っ込まれるのではないかと警戒し、必要以上に「うんうん、それで？　どうなったの？」と相づちを入れてしまうのです。

目がどちらに動くかをチェック

相手の目の動きも観察できるようになると、さらにウソを見破るテクニックがレベルアップします。PART2でも触れたように、人は過去の経験や状況を思い出そうとしている時には目が左上を向くといわれています。それに対し、目が右上を向いた場合には、これまでに見たり聞いたりしたことがないものを思い描いている時だと考えられています。例えば、相手に唐突に「昨日の夜は誰と飲みにいったの？」と聞いてみたとしましょう。その時、相手の目が左上に動けば、昨日の夜に実際にあったことを語ろうとしているということ。もし右上に動いたら、事実とは違うことを想像してウソをつこうとしている、と考えてほぼ間違いないのです。

相手が不自然に腕組みをしていたら、不安感に苛《さいな》まれているかもしれません。人は、不安になると誰かと触れ合いたいと思うもの。腕組みは、不安感を落ち着かせるために自分で自分に触れる仕草だとも考えられています。ウソを抱えきれなくなって心の余裕がなくなっている状態なのかもしれません。これは要注意です。

大人のブラック心理テク

表情や仕草に表れるウソと隠しごとを見抜け

体の動きから心の動揺を探る

目の動きに本音が出る

ポーカーフェイスを装うほど、体に落ち着きがない、うなずく回数が多いといった仕草に隠しごとが見えてくる。

手の動きを要チェック

男性がウソをつく時は目線をそらす

女性がウソをつく時は直視する

technique

07

お誘いでＯＫをもらう魔法の質問

希望を込めた質問で包囲網を築く

恋愛のスタートは、二人で過ごす時間をいかにつくるか、ということ。気になる相手がいるのなら、だまって見ているだけでは何もはじまりません。まずは**あなたの存在を相手に意識させることから作戦を開始するのです**。とはいえ、それほど親しくない人に対していきなり「食事に行きませんか？」と誘っても、よっぽどのことがない限りＯＫはしてもらえません。では、どうすれば「ＯＫ！」と言ってもらえるようになるのでしょうか。アメリカの心理学者のレヴィンガーは、人と人が知り合ってから恋愛関係になるまでには、４段階あると分析しています。これは、**親密度の４段階理論**と呼ばれています。まだお互いのことを知らない第一段階からはじまって、第二段階はどちらか一人が相手のことを知っている状態。第三段階はお互いが顔見知りになった状態。そして第四段階では知り合いから友人になり、しだいに恋愛関係になっていくとされています。当然のことながら、最低でも第三段階に持ち込むことは必須。そして、第四段階に進むためには、**魔法の質問を相手に投げかけてじわじわと包囲網を築いていくのです**。

最初に投げかけるのは、**あなたの希望や願望を込めた小さな質問**です。例えば、相手が会社の同僚なら、その人のデスクから「ちょっと使ってもいいですか？」とペンを1本借りてみましょう。これによって、「どうぞ使ってください」「ありがとうございます」といった会話が成立するようになり、小さな変化ではあるけれど、これまでとは違う関係性を二人の間に確実に築くことができるのです。

依頼の難易度を上げて罪悪感を

次のステップも小さな依頼をしてみます。「このペンが使いやすかったので、また借りてもいい？」といった気楽な依頼がいいでしょう。そして、次のステップあたりから「このペン、私もほしいので同じものを買ってきてもらえない？」などと依頼の難易度を上げていくのです。本当に買ってきてくれたらしめたもの。「お礼にコーヒーごちそうするね」といってお茶に誘いましょう。買ってきてくれなければ、２～３回続けて「まだ買ってきてくれていないの？」と質問を。相手は、依頼に応えていないことに**小さな罪悪感**を抱き、さらに「こんな小さなお願いに応えられない自分には納得いかない」と思い、しだいに依頼を受け入れるようになります。ここまで来たら次のハードルを越えることも難しくありません。依頼に応えてくれたら、お礼に食事でも、と誘ってみましょう。もし断られても気にせずに、しばらく時間をおいて2回目のお誘いを。相手は、前回断ったことを悪かったと感じているため、**2回目のお誘いにはOKしてくれる可能性が高まるのです**。

大人のブラック心理テク

断られても気にせず小さな依頼を積み重ねる！

ささいなお願いから親密になるテク

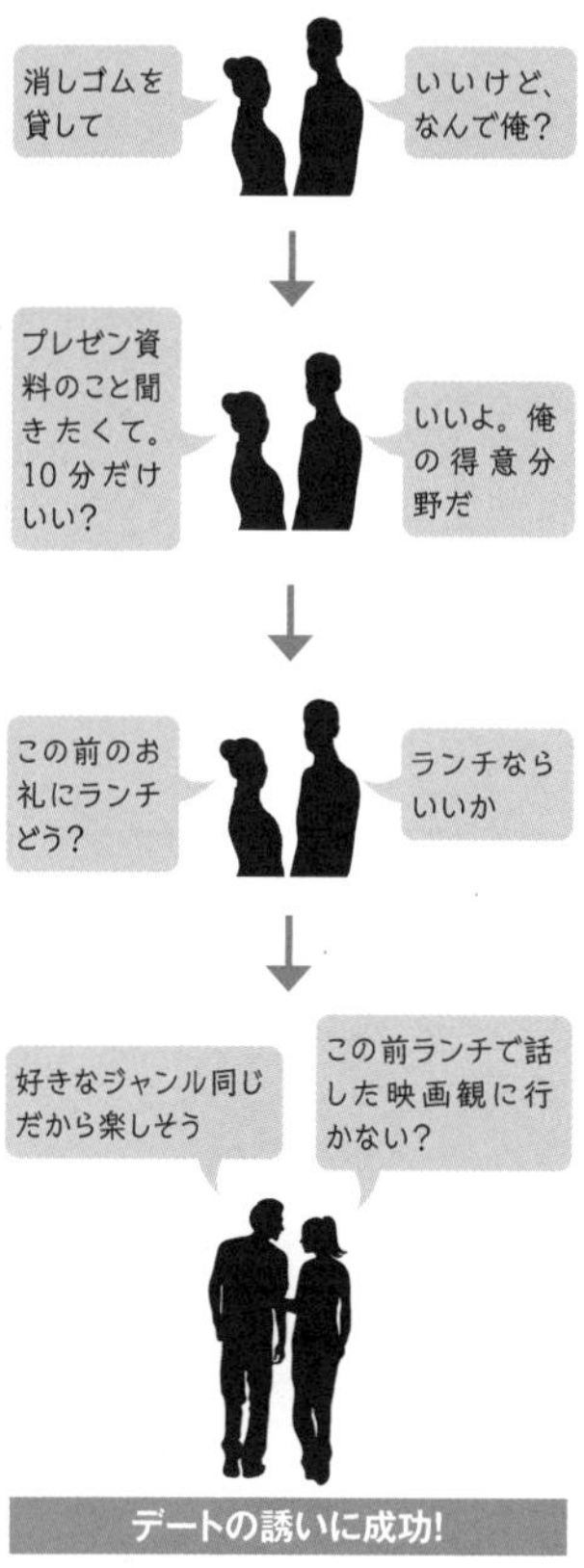

technique 08

ドキドキ体験をさせて恋に落とす

吊り橋効果で心拍数を上げる作戦

ちょっと古い手口ではありますが、気になっている人とのデート場所に、お化け屋敷やジェットコースターを選択するというのは、やはり大正解なのです。どこでお化けが出てくるかわからない暗闇や、猛スピードでの急降下は心臓がドキドキするものですが、**このドキドキ感こそが恋愛感情が生まれるきっかけとなるのです**。

これは、カナダの心理学者アロンとダットンが証明しました。心理学の世界では、**吊り橋効果**として有名です。実験は、頑丈な橋と不安定な吊り橋で行われました。

それぞれの橋にサクラとなる女子学生が立ち、被験者となる男性が橋を渡ります。橋の途中で女子学生は男性にアンケートを実施し、同時に「アンケートの結果が知りたければ電話をください」といって連絡先を男性に渡します。そして後日、男性から連絡が来た数をカウントしたところ、不安定な吊り橋のほうが多いという結果になりました。不安定な吊り橋を渡った男性は心臓がドキドキしていたでしょう。その状態で女子学生と出会ったため、無意識のうちに「ドキドキしているのは彼女と出会ったからだ」と思い込んだと、アロンとダットンは結論づけたのです。このように、何らかの原因によって起こった身体の変化や行動を、違う原因によって起こったものだと錯覚することを**錯誤帰属**と呼びます。

この法則を利用するなら、心霊スポットめぐりやホラー映画でのデートも効果絶大。また、心拍数が上がる運動も効果があります。ランニングやテニス、ボウリングなど手軽なスポーツをデートに取り入れると、違った展開が期待できるでしょう。

ロミオとジュリエット効果で燃える恋

吊り橋効果で相手をドキドキさせたなら、さらに**恋愛感情を盛り上げる作戦**で相手の気持ちのコントロールを。おすすめは、**ロミオとジュリエット効果**と呼ばれている心理テクニックです。これは、恋愛関係にある二人の間には、何らかの障害があったほうが気持ちが盛り上がるという現象で、アメリカの心理学者ドリスコールによって理論づけられ、シェイクスピアの劇「ロミオとジュリエット」にちなんでこの名がつけられました。この方法を利用して、「社内に私たちの交際をよく思っていない人がいる」「○○さんから付き合ってほしいと言われた」「来月、地方へ転勤になってしまうかもしれない」などと、二人の間の小さな壁になりそうなことを投入してみるのです。相手の心に火がついて、**なかなか進展しなかった関係も親密になっていくでしょう**。気をつけなくてはいけないのは、こうした障害がなくなると気持ちが元に戻ってしまうこと。相手の視線が現実に向いた時にいい関係をキープできるかどうかは、相手に対するあなたの本気度にかかっています。

大人のブラック心理テク

錯覚も障害も恋を勝ち取るために利用する

最後の一押しに使えるテクニック

「吊り橋効果」はお化け屋敷やホラー映画、スポーツ観戦へ行ったり、お酒を一緒に飲んだりすることでOK。相手の心拍数を上げればいい。倦怠期カップルにも○。

**戦略的にドキドキを演出
意中の相手に近づこう**

遠距離恋愛で会えない、社内恋愛が禁止されている、など二人の間に障害があるほど恋が燃える「ロミオとジュリエット効果」。ビジネスにも応用できる。

**障害がなくなったら冷める
ことも。冷静に見つめよう**

technique

09

あなたの評価を下げる言い訳7タイプ

かっこ悪い言い訳はダメージが大きい

気になる相手を振り向かせたいと思うなら、自分自身をよく見せる努力は不可欠です。そこで大切なのは、まずは**あなたの評価を現状以下にしないこと**。意外に思われるかもしれませんが、評価を落とす原因の1つは**「言い訳」**です。人間は、仕事でもプライベートでもミスや失敗をしてしまうものなので、それだけで評価が下がったり、嫌われたりする可能性はほぼありません。その時にかっこ悪い言い訳をしてしまうと、あなたの評価がガタ落ちになってしまうので要注意なのです。

心理学の世界では、**言い訳には7タイプある**といわれています。無意識のうちにこんな言い訳を口にしていないか、次の例文でチェックしてみましょう。

①「だって、Aさんがそうしてたから私もやっちゃったんです……」（悪いのは自分だけじゃないと他人も道連れにする巻き込み型）。

②「でも、電車さえ遅れなければ、会議に遅刻はしなかったはずです」（都合のいい理由で自分を正当化する合理化型）。

③「周囲が騒がしかったんです。だから集中できなかっただけです」（自分のミスや未熟さを棚に上げてしまう抑圧型）。

④「いつもならちゃんとできるのに今日だけなぜか失敗しちゃったんです。どうせ私はダメ社員ですよ」（今回だけ特別だったことを主張する特例主張型）。

例文にもあるように、「だって」「でも」「だから」「どうせ」は**D言葉**と言われ言い訳の中でも最悪の言葉とされています。自分の発言、見直してみましょう。

ミスや失敗はきちんと謝って

前ページの言い訳4パターンの他に、こんな言い訳があります。

⑤「課長が私を信じてくれないから、私も課長を信用しないんです」（本来は自分の感情なのに他人が自分に対してその感情を向けていると思い込む投影型）。

⑥「今日は寝不足だからね、計算ミスしちゃってもしかたないよね」（ミスすることに備えて先に理由をつけてしまうセルフ・ハンディキャップ型）。

⑦「来客数5割減で、降水確率90％で、社員数も10人になっているんだから私だってまじめに働けません」（数字やデータで理論的に話しているように見せて論点をずらし、自分には責任がないことを主張する詭弁型）。

どのような言い訳であっても、ミスや失敗を認めなかったり、他人に押しつけたりすれば、自分の心の負担は軽くなりますが、周囲の人にはあなたがとても残念な人に見えてしまいます。**ミスをしたらきちんと謝る、改善策を見つけるなど前向きにリカバリーすること**が、恋愛のみならず人生の成功にもつながるのです。

大人のブラック心理テク

妙な言い訳を考えるより改善策を見つけよう

言い訳上手になって関係を修復しよう

NGな言い訳……D言葉

「だって」「でも」「どうせ」「だけど」「だったら」というダ行ではじまる言葉はネガティブなので避けたい。

OKな言い訳…外的要因

不可抗力的な理由でこうなったと伝えるとよい。ただし、人ではなく、物を引き合いに出すことがポイント。

technique 10

一緒に食事すれば もう勝ちは決まっている

おいしいものを一緒に食べると◎

恋愛の必勝法はとにかく二人でおいしいものを食べること。これはいつの時代も定番のテクニックです。心理学でもその効果は証明されていて、**ランチョンテクニック**と呼ばれています。一緒に食事をすることにはどんな効果があるのでしょうか。

アメリカの心理学者ラズランは、被験者たちと食事をしながら自分の考え方を解説するという実験を行いました。そして、食事前と食事後にラズランの話をどう思ったかを被験者にアンケートしたところ、被験者は、食事前より食事後のほうがラズランの話に好感を持ったという結果になったのです。さらに、意図的に異臭をさせた部屋で食事をしながら同じ実験をしたところ、被験者はラズランの話に否定的だったという結果にもなりました。要するに、人はおいしいものを一緒に食べることで、**相手に対する好感度**がアップする、ということなのです。たとえ受け入れがたい話であったとしても、食事をしながら交渉するとすんなりと話がまとまるというセオリーも広く知られ、ビジネスの場でも活用されています。

食事をしながら「おいしい、うれしい、楽しい」といったプラス感情が生まれると、**一緒にいる相手に対してもプラスの印象を持つ**と心理学では考えられています。この時、相手の嫌いなものをセレクトしてしまうと不快になってあなたへの好感度もダウンしてしまうので要注意です。逆に、しつこく迫ってくる相手とは、あえて相手の嫌いなものを食べに行くという作戦をとってみて。相手は不快な気分になるとともに、あなたへの印象も悪くなってあっさり諦めてくれるかもしれません。

ミラーリングで相手の感情を操作

二人で食事するチャンスを得たなら、**あなたの魅力を最大限に見せつけること**。ここで手を抜いてはこれまでの努力が水の泡になってしまいます。ポイントは、居心地いいな、価値観が合うな、と思わせること。そのためにはどうすればいいかというと、10ページにも登場した**ミラーリング**を使いましょう。相手の仕草をよく観察し、タイミングを合わせてあなたも同じ動作をしてみます。食事中や会話中に相手が自分の言葉や仕草を真似すると、その相手に対して好意を抱いてくれます。相手がグラスを手に取ったら、あなたもグラスを持つ。相手が笑ったら、あなたも笑う。相手がうなずいたら、あなたもうなずく。これをさりげなく繰り返すことで、相手はいつの間にかあなたに好意を抱き、また会いたいな、また話をしたいな、と思うようになるのです。

相手が「これ、おいしいね！」と言ったら「おいしいね！」と同調を。間違っても「そうかな？　あっちのお店のほうがレベル高いよ」などと言ってはいけません。

大人のブラック心理テク

「おいしい！」の共有は最強の恋愛テクニック

おいしい食事で交渉を有利に進ませる

おいしいものを食べるとポジティブになれる

料理は香りがよく見た目にも華やかなものにすることもコツ。ビジネスでの交渉にも使えるテクニックだ。

夕方以降・暗闇で親密度をアップ

夕暮れ時に心が不安定になる「ボディタイム」をいかして告白を成功させよう。17 時以降の食事やムーディな照明のお店が○。

technique

11

止まらないグチには最強の「おしゃべり療法」

ストレス解消させて信頼を勝ち取る

気になる相手と食事に行ったり、飲みに行ったり。恋愛関係を発展させる絶好のチャンス到来。しかし、楽しい話で盛り上がりたいのに相手はなぜか仕事のグチばかり……。こんな時にあなたがとるべき行動は**「聞き上手」**の仮面をかぶってとにかく相手にしゃべらせること、これに尽きます。人は、悩みを抱えていたり、怒っていたり、イライラしている時には、**誰かに話を聞いてもらって自分自身にのしかかっているストレスを軽減させようとします**。あなたにも、気の置けない仲間と語り合ったら気持ちがすっきりした、という経験があるのではないでしょうか。これは、心理学の世界でも**「おしゃべり療法」**として使われています。聞く側は、相手の話を受け止め、否定したり非難したりせずに「なるほど、そんなことがあったんだね。大変だったね」と共感の言葉を返していくのです。そうすることで相手はしだいに気持ちが落ち着き、安心し、あなたのことも信頼するようになるのです。

この場面でついやってしまうＮＧ行動は、「問題を解決したいなら、その考え方は間違っている」と自分の意見を押しつけたり、「結局、言いたいことは何？」と否定的な言葉を投げかけたりしてしまうこと。これでは相手のストレスがさらに増強し、あなたとは会話が噛み合わない、こちらの気持ちをわかってもらえないと感じ、二人の関係にも亀裂が生じてしまいます。あなたにも、悩みを解決してあげたい、アドバイスしてあげたいという思いが生まれるかもしれませんが、**ここはぐっとこらえてとにかく聞き上手になること**。相手も、本当にアドバイスがほしい時には「どうやったら解決できると思う?」と聞いてくるはずです。その時が来るまで、とにかく我慢。聞き上手のフリをして、相手の信頼を勝ち取りましょう。

大人のブラック心理テク

意見したい気持ちを押し殺して聞き上手になる

モテる人は聞き上手 ビジネスにも効果的

男女の口げんかはすれ違う

男女の脳は違う。一般的に男は論理的に、女性は感情にもとづいて行動するもの。グチも女性はただ共感してほしいだけだが、男性は問題解決に目的を置く。

あの人は話しやすい、つまり聞き上手と思われると、信頼関係が築ける。これは恋愛だけではなく、職場や友人間でも同じだ。

クレーマー対策にも

怒っている人は自分の意見を聞いてほしいだけのことがある。途中で口を挟まず、ただ話を聞いてあげるとすっきりするもの。

PART 4

上司も部下も思いのままに操る仕事の心理学

職場の人間関係を円滑に導き、
成果を出せるテクニックを紹介!

technique 01

「難しいかな？」で自尊心を刺激

「できると思ったけど……」で火をつける

仕事のノルマを与えてもなかなか作業にとりかかろうとしない部下。入社当初は「やります！　がんばります！」と前向きだったのに、いつの間にかモチベーションが下がってしまった新入社員。そんな人たちに向かって、働け！　さぼるな！　とあおったところで思い通りにはいかないもの。プレッシャーをかけ過ぎるとパワハラだといわれてしまい、人を使うということに頭を悩ませる時代です。

人は命令されたり、強制されたりすると**反発したくなるという心理**が働きます。

さらに、上司からの指示が自分のやりたいことと違っていたり、手間がかかるからやりたくないと思っていたりすると、なおさら仕事が滞ってしまいます。

そんな時に、人を動かすうまい方法があります。それは、相手の**自尊心**を刺激することです。自尊心とは、自分は価値のある人間だと自分で認める気持ちです。自尊心の高い人はどんなことに対してもモチベーションが高く、自尊心が低い人は気力もエネルギーも低いといわれています。自尊心を刺激する方法は、例えば、仕事にとりかかろうとしない社員に対して「あれ？　キミならできると思ったけど難しいかな？」と問いかけてみるのです。すると社員の心に火がつき、「自分の能力はそんなに低くない！　やってやる！」と闘志を燃やすようになるというわけです。この方法は、**自尊心が高い人であればあるほど効果を発揮します**。自分に自信がない、何をやってもダメだと思い込んでいる人には「やっぱり上司に信用されていないんだ……」と逆効果になってしまうので、**相手の性格の見極めが大切です**。

セールストークの裏ワザにも活用

この方法は、**セールスの仕事などでも活用できます**。家具の販売を例に考えてみましょう。インテリアショップで、センスのよさそうな客がデザイン性の高い高級ソファの前で悩んでいたとします。店員としては、「革の手触りが最高です」「お手入れも簡単ですよ」などとソファの魅力をアピールしたいところですが、ここではあえて、客の自尊心を刺激するようなセールストークをするのです。まず、「このソファはかっこよすぎて普通の部屋には似合わないんですよね」と挑発し、その後に「でも、このソファを気に入られたお客様は、いいものを見抜く目をお持ちなんだと思います」と語りかけます。すると、センスに自信があって自尊心が高い客は、「それならこのソファを買っておしゃれな部屋にしてやろうじゃないか」という気持ちになり、購入を決めるというわけです。「あなたなら買えると思ったけど、買えないんですね？」という雰囲気をかもし出して自尊心を刺激し、購入に導くというちょっとあざといワザですが、効果はあるのでお試しを。

大人のブラック心理テク

自尊心が高いほどモチベーションが上がる

プライドの高い人はこう対処しよう

原則否定しないことがポイント。時々、相づちを打って長話は避けよう。

他人と比較するような発言は、プライドを傷つけて敵視されてしまう。

やる気のない子どもにはほめて自尊心を刺激。自分から進んで行動する子になる。

technique

02

口グセで見える相手の性格

「一応」「とりあえず」「絶対」は要注意

上司でも部下でも、その性格を見抜くことができれば、あなたのペースで何ごともスムーズに進めることができます。相手の性格を知るには、口グセをチェックしてみましょう。**口グセにはその人の性格が浮き彫りになっているのです。**

自分に自信のない人が連発するのが、**「一応」「とりあえず」「絶対」**です。部下に仕事の進捗《しんちょく》を確認した時に「一応終わりました」「とりあえずやりました」と返事が返ってきたら、それは仕事内容に自信がなく、弱点を隠そうとしている**防衛反**

応です。また「絶対やります！」「絶対うまくいきます！」といった発言も、自信のなさの裏返し。できないと思われたくない、頼りにならないと思われたくないという心理から自分を大きく見せようとして「絶対」と言ってしまうのです。

「こんなこと言いたくないんだけど」と前置きしてからミスを指摘してくる上司はいませんか？　非常に感じの悪いひと言ですが、言葉の裏にはやはり「本当は自分はいい上司。ミスの指摘なんかしたくないのに、部下がダメだから言わざるをえないんだ」という本音が隠れています。また、**「キミのためを思って言うんだけどね」**というセリフもできない上司が使いがち。「キミのためを思って言うんだけど、その服装は我が社にはふさわしくない」などと言われた時の本音は、「自分の言うことを聞いて服装を変えろ！」という傲慢なもの。自分の価値観を押しつけたいけれど、そういうわけにもいかないので、部下を心配している雰囲気を出して「キミのために」と言っているのです。信用できない上司と思って間違いないでしょう。

人の話に聞く耳を持たないログセ

ミーティング中に、人の発言を遮って**「要するにさあ……」**と発言する人がいます。みんなの意見をまとめているように見えて、実は、自分の考えを押し通したいという強引さや、優位に立ちたい、この場を仕切りたいというわがままな気持ちが表れています。「そうじゃなくて」などと周りが反発すると怒りモードに入る可能性があるので要注意。真剣に受け止めず、さらりと受け流すほうが正解です。

また、ことあるごとに「**そんなの常識だ！**」と連発する人もやっかいです。いわれたほうはつい、自分は常識知らずなのかと思ってしまいますが、その逆です。「常識だ」と発言する人には、自分の考え方や価値観、やり方を他人に押しつけたいという本音があり、優位な立場に立ちたいという願望があります。みんなはどう考えているのか、一般的にはどうするのかといった広い視野を持たず、自分が正しいと思い込んでしまっているのです。「要するに」も「常識だ」も、**言葉の裏にはまったく反対の本音が隠れている**と思って、その人の性格を見抜きましょう。

大人のブラック心理テク

言葉の裏にある本音からダメさを見抜く

こんな口グセの人 会社にいたら要注意

こんなこと言いたくないんだけど

→好感度のいい人と思われていたいという気持ちの裏返し。

本題に入る前に

→前置きが長い場合は本題に入りたくない、聞いてほしくない証。

ちょっといいかな

→139ページにある「フット・イン・ザ・ドア」テクニックによるもの。大事を頼まれる予兆かも。

キミのためを思って

→「私のためにそうしてくれ」の押しつけがましさを軽減したい心の表れ。

みんな、言っているよ

→言っているのは本人だけ。自分を悪く思われたくなくて責任転嫁している。

よくも悪くも

→便利な言葉で自分への責任を逃れようとしている。

technique

03

ほめてほめてほめ倒して効率アップ

小さなことでも毎日ほめ続ける

「自分はほめられて伸びるタイプなんで！」という言葉は、最近、よく使われるようになりました。これは、心理学的にいっても大正解。もし、周囲に「仕事ができないダメなやつだなあ」と思う部下や仕事仲間がいたとしたら、叱ったり、責めたりしてはいけません。イライラして自分が疲れてしまうばかりで、何のプラス効果も生みません。仕事をしてほしい、がんばってほしい、成長してほしいと望むなら、**何といってもほめることが得策なのです**。「まとめてくれた資料がわかりやすくて助かるよ！」「細かな気配りをしてくれるのでみんなが喜んでいます！」など、小さなことでいいので、毎日とにかくほめ続けていくのです。

ほめられたほうは、自分が思っているより自分はデキるタイプなのではないかと思い、自尊心が生まれ、自分自身に期待をし、人からの高評価に自分を近づけようとします。これを心理学では**自己成就予言**と呼びます。

自分がほめられた時のことを思い出してみても、それによって自信につながったという経験があるでしょう。「かっこいいね！」「きれいだね」とよく言われる人は、自分でもまあまあイケてると感じているでしょうし、「運転が上手だね」と言われる人はドライビングテクニックに自信があるはずです。「仕事がていねいですね」と言われれば、それに応えるために雑な仕事はしないように努力するでしょう。

人は、ほめられればよい気分になり、**お世辞だとわかっていてもさらに上を目指すようになります**。そして、人ばかりでなく業務全体が上向きになっていくのです。

期待をかければ人は成果を上げる

前ページのような効果はアメリカの教育心理学者ローゼンタールの実験でも証明されています。実験は、ある小学校で行われました。生徒に知能テストを行い、教師には「この知能テストでどの生徒の成績がアップするかわかる」と伝えます。実は、このテストはそういったことがわかるものではないのですが、教師には成績アップする生徒を見つけるテストだと信用させました。そして、テスト後に無作為に生徒を選び出し、教師には「成績アップが望めるのはこの生徒」と伝えました。教師は、無作為に選ばれた生徒に大きな期待を寄せながら勉強を教えたところ、生徒も期待されていることを理解して勉強に励み、成績アップが実現したのです。このように、期待されていることに応えようとやる気を出し、成果を上げる心理を**ピグマリオン効果**と呼びます。これとは逆に、期待されていない人は、期待されている人と比較すると成果が上がらないという現象もあり、**ゴーレム効果**と呼ばれます。デキる仲間と仕事をしたいなら、**どんな相手でも期待することがベストな選択なのです。**

大人のブラック心理テク

すごい、すごいと言い続ければすごい人になる

教育にも効果的な心理学テクニック

教師や両親から期待されることで成績が上がるのがピグマリオン効果。これは生徒、子どもの潜在能力の高い低いに関係ない。励ましの言葉をかけてあげよう。

ほめて伸びる子どもにはピグマリオン効果を

他者から期待されなかったり否定的な評価をすることによって成績が下がってしまうのがゴーレム効果。他からの影響で自分の能力を制限してしまうのである。

子どもを叱ってもかえって成績が下がることに

technique

04

やる気のない部下がみるみる働く

仕事の頼み方にひと工夫して

やる気スイッチがなかなか入らない部下の存在は、いつの時代もやっかいなもの。しかし、仕事の頼み方1つでモチベーションを上げることができます。もし、やればできる力のある部下がやる気低下を起こしているのなら、まずは負担の大きい仕事を依頼してみて、本人が難色を示したところで**本当にやってもらいたい仕事を依頼する方法**（ドア・イン・ザ・フェイス・テクニック）を使ってみましょう。例えば、まず「新商品のプロモーションを全面的に任せたい」と依頼します。本人が「そんな大きな仕事は無理です」と拒否反応を示したら、「では、プレゼン資料作成を担当してくれる？」とハードルを下げて本当にやらせたいことを提示し、「わかりました、やります」と言わせるのです。ポイントは「キミならできると信じているから任せるんだ」と好意をアピールする。部下は、上司のその気持ちに応えようと、やる気スイッチが入ります。こうした心の動きを心理学では**好意の返報性**と呼んでいます。

さらに、そのやる気をみんなの前で宣言させるという手法もあります。人は、目標を立てても自分一人ではなかなか達成できないものですが、目標を大勢の人に向けて宣言することで、努力し、達成する確率が高くなると言われています。これを心理学では**パブリック・コミットメント（誓約・公約の公表）**と呼び、ビジネスや教育の場などで広く使われています。部下のモチベーションが上がってきたら、いつまでにやるか、どれくらいの量をやるかといった目標を、周囲のみんなにも聞かせましょう。オンライン会議でも活用しやすい、やる気スイッチ術の1つです。

達成体験を積み重ねて「できる!」に

あの手この手で部下を叱咤激励してみても、なかなかやる気に火がつかない時は、部下の心理状態を探ってみてください。もしかすると**自己効力感**が低くなってはいないでしょうか。自己効力感とは、自分ならできるだろう、がんばれるだろうと予測する心理をいい、カナダの心理学者バンデューラによって理論づけられました。

自己効力感が高い人は、どんなことにも前向きに取り組むことができます。しかし、自己効力感が低いと、自分に自信を持てず「やっても無理」「どうせうまくいかない」とマイナス思考になり、積極的に取り組むことができません。このような状態になっている人にはガミガミ言ってもムダ。それよりも、キミならできると声をかけながら、**小さな達成体験**をさせることが効果的です。「昼休みまでにこのデータ入力を終わらせよう」などと小さな目標を提示して、達成できたら「できたね!」

とほめてあげるのです。**こうした成功体験を積み重ねること**で本人も「できる！やれる！」という達成感を味わい、しだいにやる気が生まれるというわけです。

大人のブラック心理テク

「キミならできる」とおだててコントロール

低モチベーションなスタッフのやる気を

パブリック・コミットメントは大勢の前でほめることで有効的。月間の売上表をオフィスに貼っておくなどがよい。

宣言して達成するテクはビジネス以外にも使える

technique

05

ノーをイエスに変える会話術

小さなお願いからハードルを上げて

こちらの要求に対して「ノー」と言いそうな相手に「イエス」と言わせたいと思うのは、ビジネスシーンではよくあることです。しかし、ただやみくもに要求を押しつけるだけでは、相手も警戒してなかなかイエスとは言ってくれません。そこで活用したいのが、**段階を踏んで徐々に相手を説得する心理テクニックです**。

例えば、仕事に消極的な部下にプレゼン資料作成をさせたいと思ったら、まず、「書類を日付順に並べてくれる?」などとハードルの低い簡単な仕事をお願いします。

そして、部下が「それくらいならいいですよ」と受け入れたら、次に「書類のデータ修正もお願いできる？」と少し難易度を上げた仕事を頼み、それもクリアできたなら、「やっぱりできると思ってたんだ！ プレゼン資料の作成もお願いできるかな？」と、最終目的の仕事を依頼するというプロセスを踏みます。

このように、小さな要求から徐々にハードルを上げて説得する手法を、心理学では**フット・イン・ザ・ドア・テクニック（段階的説得法）**と言います。セールスマンが玄関のドアが開いたところで足をはさみ、セールストークを展開して交渉をまとめ、最終的には商品を買わせることからこの名がつきました。

人は、一度イエスと言ってしまうと、その後の要求を断るのは悪いかな、もうちょっとやってもみてもいいかなと思うもの。強い警戒心を持っていたとしても、小さな要求から徐々にハードルを上げられると、**警戒心がゆるみ、つい心を許してしまうものなのです**。そんな心理をうまく利用した人心掌握術の1つです。

無理なお願いから現実的なお願いに

前ページで紹介したフット・イン・ザ・ドア・テクニックの他に、**ドア・イン・ザ・フェイス・テクニック**という心理テクニックもあります。これは、譲歩的要請法とも呼ばれ、大きなお願いから小さなお願いへとスイッチさせながら、最終的にこちらの要望を相手に受け入れさせるという手法です。例えば、部下に50ページ分のデータ入力をやってもらいたい場合、いきなり「50ページお願いできる？」といっても「無理です」と断られる可能性があります。しかしここで、受け入れてもらえないことを想定して「１００ページ分お願いできる？」と聞いてみるのです。部下から「１００ページなんてできません」と断られたら、「じゃあ、50ページならできるよね？」とたたみかけるのです。すると、**部下には最初の依頼を断った後ろめたさがあるために**、「50ページならいいですよ」と受け入れてしまうという心理です。「断ったら悪いかな、困っているなら手伝ったほうがいいかな」という人のやさしさを逆手にとったテクニックではありますが、効果は絶大です。

大人のブラック心理テク

難易度を上げ下げして本当の要求を承諾させる

交渉や説得の時に効果を発揮するテク

フット・イン・ザ・ドア・テクニック

一番の大きな要求を容認させるために、小さい要求から受け入れさせていく。

ドア・イン・ザ・フェイス・テクニック

最初に大きな要求をして断られた後に、本命の小さな要求を受け入れてもらう。

technique

06

口下手さんでも説得させる会話術

プラス面とマイナス面を伝えて

人前でプレゼンすることや、商品説明が苦手という人は意外と多いもの。「口下手だからセールストークがうまくいかない」と悩む人もいるでしょう。そんな人は、商品やサービスについて、プラス面ばかりを伝えなくてはいけないと思い込んではいないでしょうか。マイナス面を伝えてしまうと評価が下がって買ってもらえなくなると考えるかもしれませんが、実は、**プラス面に加えてマイナス面も伝えると、売上が伸びる**と言われているのです。心理学では、プラス面だけを説明することを

片面提示といい、プラス面とマイナス面の両方を説明することを**両面提示**と呼びます。例えば、新商品のスイーツを売る場合、プラス面として「新鮮なフルーツを使ったヘルシーなスイーツです」と伝えれば片面提示になり、これに加えて「他の商品より100円高くて、日持ちもしない」と伝えれば両面提示となります。一般的な客なら片面提示である程度は売れるのですが、その商品に詳しい人、知識や情報を広く知っている人には、**あえて両面提示をすることで購買意欲をくすぐること**ができるのです。もし、うんちくを語るちょっと面倒な客に当たってしまったら、あえてマイナス面も伝えてみると、予想以上に好感触が得られるかもしれません。

片面提示だけで強引に売ると、後日、マイナス面に気付いた客からクレームが来ることがあります。最初にマイナス面を伝えておくと、それが予防の役割をする（**接種理論**）のでクレーム防止になります。こうしたリスクがあることも頭に入れて、客のタイプを見極めながら片面提示か両面提示かを使い分けてみましょう。

説明が先か、結論が先かを見極める

口下手さんでもうまくトークできるコツがもう1つあります。それは、**クライマックス法**と**アンチ・クライマックス法**という会話テクニックを使い分けることです。

クライマックス法とは、まず説明をしてから最後に結論を持ってくる話し方をいいます。これに対して、アンチ・クライマックス法は、先に結論を話しておいて、後から説明をしていく手法です。どのように使い分けるかというと、**相手が話を聞こうとしている場合にはクライマックス法がいいでしょう**。誰にでも伝わりやすい標準的なテクニックなので、聞く人にもすんなりと浸透していきます。もし、**相手が聞く耳を持たない、興味がないといった状態なら、アンチ・クライマックス法が効果的です**。商品のセールストークも、客の興味を引くには「これはとってもおいしくてヘルシーなスイーツです。なぜなら、新鮮なフルーツを使いながらも甘味を抑えていて……」と、結論↓説明の順に話すことが正解です。相手が興味を持っているかいないかをこっそり見極めることが、この会話術のポイントなのです。

大人のブラック心理テク

相手の状態を見極めて会話術を練ろう

相手の反応を見て有効な方を選択する

片面提示は最後の一押しに

購入をほぼ決めている人には、よりポジティブな印象を残せて説得力のある片面提示がよい。

両面提示は長期的な説得に

売る人がデメリットも伝えるからこそ説得力が増す。デメリット→メリットの順がよい。

technique 07

部下から嫌われない叱りテクニック

人格が浮き彫りになる叱り方

リモートワークが増え、部下と対面して話す機会も少なくなってきました。そのぶん、ひさしぶりに会社で会った部下のダメっぷりが今まで以上に目につき、つい声を荒らげて叱ってしまうことも多くなったのではないでしょうか。叱ると自分はすっきりした気分になりますが、叱られた相手は意気消沈。上司であるあなたを疎ましく思うようになるかもしれません。そんな事態を避けるためには、**部下に嫌われずにしっかりと指摘できるテクニック**を身につけたいものです。

ちょっと思い出してみてください。**あなたは部下を叱る時、どんな態勢をとっているでしょうか**。もし、部下を立たせて、あなたは椅子に座っている状態でガミガミいっているのなら、すぐにやめるべきでしょう。心理学では、この態勢は部下を仲間とは思っておらず、一人前の大人として扱っていないと分析します。自分は部下よりはるかに高いポジションにいて、部下の話を聞く必要はないと考えている可能性があるのです。また、これとは反対に、部下を椅子に座らせて、あなたが立っている状態は、あなたは出世願望にとらわれていて、部下には威圧的な態度をとるけれど自分より目上の人には媚《こ》びるといったタイプ。部下の手柄を自分のものにするという姑息な手段に出てしまう可能性もゼロではありません。

どちらのパターンも、部下にとっては不快感、嫌悪感しか残りません。指摘されたことを改めようという気持ちにもならず、仕事も改善されません。では、どのような態勢で叱ることが正解なのでしょうか。それは次のページで紹介しましょう。

双方にメリットが生まれる叱り方

部下に嫌われたくなければ、上司であるあなたは、正しい叱り方を身につけなくてはいけません。前ページで紹介したようなどちらかが立っている態勢は、部下に威圧感を与えてしまうだけでメリットは1つもありません。正しい叱り方は、まず、**お互いに椅子に座ること**です。こうすることで部下と同じ目線で話をすることができるので、無意識のうちに、**一緒に仕事をする仲間、同じ目標を目指す仲間であるという認識が生まれます**。そして、部下から見たあなたは、自信に満ちていながらもそれを自慢したり、ひけらかしたりすることのない誠実な人という印象になります。こうした信頼を築くことができれば、あなたの指摘を部下も真摯《しんし》に受け止め、何が悪かったのか、改善するにはどうすべきかを考えられるようになるのです。そして、困った時やトラブルが発生した時にも隠すことなく、問題が大きくなる前にあなたに相談するようになるので、結果的にあなたの負担も軽くなるというわけです。人格者という評価が高まり、仕事もラクになる。こんないいことはありません。

大人のブラック心理テク

部下とうまくやりたかったら叱る体勢に注意

3つの叱り方から上司を見極める

①立って叱る上司
（部下は座らせる）

権威主義の持ち主で、目上の人には媚びるが、目下には強気。部下を自分のところに呼びつける人も同じ。

②一緒に座って叱る上司
（部下も座っている）

上司・部下のボーダーラインを引くことなく、ともに働く仲間として見てくれている。地位や名声にもこだわらない。

③座りながら叱る上司
（部下は立たせる）

話が長く小言の多いタイプ。自分を絶対視し、部下のことを仲間と考えていない。

technique

08 チームを組ませて効率最大化

人数が多ければサボる人も増える

1つのプロジェクトを成し遂げようとする時、携わるスタッフの人数は多いほうがいいと考えがちですが、実は、そうではないのです。人数が多ければ多いほど、**手を抜く人やサボる人が増えて、一生懸命頑張るのはいつも同じ一部のスタッフ、という構図**ができてしまいます。例えば、スタッフ全員でミーティングをしたとしましょう。その中で、前向きに発言する人はいつも限られたメンバーばかり。その他のメンバーは押し黙っているか、寝ているかといったシーンは、どこの会社でもよく起こります。普段はよくしゃべる人でも、会議ではおとなしくなって気配を消してしまうのです。その理由は、目立ちたくないという気持ちがある他に、「発言は他の人にまかせればいいや」と思っていることが考えられます。こうなると、一生懸命頑張る少数の人と、力の出し惜しみをする多数の人が1つのプロジェクトに携わっているといういびつな形になります。そして、スタッフはたくさんいるのに仕事の効率が落ちるという残念な結果を招いてしまいます。

人数が多くなればなるほど、一人一人が発揮する力が小さくなるというセオリーは、心理学者リンゲルマンによって証明され、**リンゲルマン効果**と呼ばれています。

リンゲルマンは、被験者に綱引きをさせるという実験を行いました。綱引きの参加人数を、1対1、2対2、3対3、8対8と変え、人数の増加によって一人一人が発揮する力に変化があるかを調べたのです。これによってわかったのは、人は一人で働く時より、大人数で働く時のほうが発揮する力が減少するということでした。

小グループに分けて最大効果を

リンゲルマンが実験により理論づけたのは、人は、集団が大きくなればなるほど、**無意識のうちに発揮する力が弱くなるということ**でした。大人数の中では、「自分が頑張らなくても誰かが頑張ってくれるはず」という意識が働くというのです。会社側から見れば、当然これは大問題。人数はたくさん投入しているのに仕事効率が悪いという事態は避けなければいけません。

そのための対策があります。それは**少人数でグループをつくること**です。プロジェクト全体の作業を細分化して、各グループに担当させるのです。少人数のグループになると、スタッフそれぞれが仕事に責任を持つことになり、サボっていることもすぐにわかってしまいます。「誰かにやってもらえばいいや」という意識も、「自分が動かなければプロジェクトが進まない」という前向きなものに変化し、仕事の効率が一気に上がるのです。スタッフが動くことで効率が上がれば、あなたの評価も上がります。会社のためにも、自分のためにもグループ化がおすすめです。

大人のブラック心理テク

怠け心は本能。グループにすればサボらない

人は集団だとつい怠けてしまう

リンゲルマンの綱引き実験

二人の場合

一人当たり
93%

四人の場合

一人当たり
80%

一人で綱引きした時の力の量を100%とした時と比べて、人数が増えるほど一人一人は力を抜いてしまうもの。

リンゲルマン効果防止には少人数で役割分担させる

個人の成果が集団にどれほど貢献できているかと一人一人に認識させる。自分のやったことに意義があると思わせよう。

technique

09

課題を与えるとモチベーションがアップする

会社のためにという気持ちを刺激

昭和の時代には、サラリーマンは自分の会社に忠誠心を近い、定年まで献身的に働くというのが常識でした。子育てや家庭のことは奥さんにまかせ、早朝から深夜までがむしゃらに働く人々によって経済が成長し、日本を支えてきたのです。なぜそこまで頑張れたのかというと、日本のサラリーマンの中に、**集団同一視**という心理が働いていたと考えられています。これは、自分が属している集団に愛着が生まれると、その集団に依存し、集団のために労働し、喜びを見出すという心の状態です。会社がよくなれば自分の人生もよくなる、と無意識のうちに考えていたのでしょう。近年は、こうした考え方は激減しました。**会社は会社、自分は自分と考える人が多くなり、仕事よりプライベートを充実させる生き方も広がっています**。今後もさらに、こうした考え方がさらに尊重されるようになるでしょう。

そうはいっても、日本経済を回していくには、企業を活性化しなくてはいけません。そのためには、働く人々には会社のためにパワーを発揮してもらわないと、社会全体が困ってしまいます。

では、どうすれば会社の仕事に対してモチベーションを上げることができるのでしょうか。もし、あなたが人事やプロジェクトメンバーの選考に携わっているのなら、セレクトの際に、メンバー候補となる人々に何らかの課題を与えてみましょう。簡単にできるものではなく、**多少の努力が必要な課題**がおすすめです。そして、課題をクリアした人だけがプロジェクトに参加できるという仕組みにするのです。

努力すればクリアできる課題を

課題をクリアしてめでたくプロジェクトに参加できた人には、「課題のために努力したのだからその苦労をムダにしたくない」という心理が生まれます。そして、自分が属しているプロジェクトに愛着を感じ、**目標達成に向けて力を発揮するようになるのです**。仮に、そのプロジェクトが自分に向いていないものであったとしても、「課題を乗り越える努力をしたのだからこのプロジェクトは自分にとって価値がある」と前向きに考えるようになります。これを**内発的動機づけ**と呼んでいます。

この心の働きは、このように活用できます。仮に、スポーツ用品メーカーでスニーカーの新商品プロジェクトを立ち上げるとしましょう。メンバーを募集する際に、「フルマラソンを完走すること」「ウォーキングで3キロダイエットに成功すること」などと課題を与えるのです。メンバー候補となる人はこの課題をクリアすべく努力し、成し遂げた後にプロジェクトに参加します。すると、プロジェクトに対し愛着を持って、誠心誠意、仕事に取り組むようになるのです。

大人のブラック心理テク

令和の時代も、会社を思う心に火をつける

子どものやる気を上げたい時は……

モチベーションを上げるために外発的に動機をつける。例えば、テストでいい点を取ったらおもちゃを買ってあげる、お小遣いをあげるという約束だ。

**報酬によって
行動を起こさせる**

反対に内発的な動機付けでやる気を上げる心理学テクもある。その子ども自身の好奇心や探求心を刺激するのだ。こちらのほうが自発性を育むことができる。

**自分から進んで行い
高い満足感も得る**

technique

10

2つの役割でリーダーシップを発揮

ＰＭ理論でリーダーの素質を知る

部下をまとめるには、**自分にどんなリーダーシップが備わっているか**を熟知しておく必要があります。社会心理学者の三隅二不二《じゅうじ》は、**ＰＭ理論**でリーダーシップを分類しました。Ｐ（パフォーマンス）は目標を達成することを重視する機能、Ｍ（メンテナンス）はまとまりを重視する機能を示します。機能が大きい場合は大文字、小さい場合は小文字で表し、組み合わせによって４タイプに分類します。

プロジェクトを立ち上げる段階では、Ｐ機能が優れているリーダーが求められますが、軌道にのってからは、全体をまとめる機能であるMが大きいリーダーがふさわしいとされています。もし、どちらかが足りないと自覚した場合は、その機能を持っている人をあなたのサポートにつけるといいでしょう。**PとMがバランスよく作用して、最強のリーダー誕生**となり、最強のプロジェクトとなるでしょう。

大人のブラック心理テク

リーダーの素質は自分自身で見極める

PM理論でリーダー性を見る

P行動

目標を達成するための行動

M行動

集団の維持・強化のための行動

監修者紹介

渋谷昌三　しぶや　しょうぞう

1946 年、神奈川県生まれ。学習院大学文学部を経て東京都立大学大学院博士課程修了。心理学専攻。文学博士。現在は目白大学名誉教授。主な著書・監修書に『ワルイ心理学』『閲覧注意の心理学』（ともに日本文芸社刊）、『10 秒で相手の本音を見抜く本』（三笠書房）などがある。

STAFF

編集　　　坂尾昌昭、中尾祐子（株式会社 GB）
デザイン　森田千秋（Q.design）
執筆協力　稲 佐知子、高山玲子
イラスト　シルエット AC

参考文献

『悪用厳禁 閲覧注意の心理学　誰でも思いのままに操れる！』渋谷昌三（監修）、日本文芸社
『植木理恵の人間関係がすっきりする行動心理学』植木理恵（監修）、宝島社
『10 秒で相手の本音を見抜く本』渋谷昌三、三笠書房
『心理学でわかる 女子の人間関係・感情辞典』石原加受子（監修）、朝日新聞出版
『マンガで納得！　本当に使える心理学』渋谷昌三、ナツメ社
『ワルい心理学—悪用厳禁』渋谷昌三（監修）、日本文芸社

相《あい》手《て》の心《こころ》が 9 割《わり》わかる　大人《おとな》のブラック心《しん》理《り》学《がく》

2021 年 7 月 10 日　第 1 刷発行

監修者…渋《しぶ》谷《や》 昌《しょう》 三《ぞう》
発行者…吉田芳史
印刷所…株式会社光邦
製本所…株式会社光邦
発行所…株式会社日本文芸社
〒 135-0001　東京都江東区毛利 2-10-18 OCM ビル
TEL 03-5638-1660［代表］
内容に関するお問い合わせは小社ウェブサイト
お問い合わせフォームまでお願いいたします。
URL https://www.nihonbungeisha.co.jp/

Printed in Japan　112210625-112210625Ⓝ01　（310066）
ISBN　978-4-537-21903-6
（編集担当：上原）